TOUTES LES COULEURS DE LA TERRE

DAMIEN DEVILLE, PIERRE SPIELEWOY

TOUTES LES COULEURS DE LA TERRE

CES LIENS QUI PEUVENT SAUVER LE MONDE

Tana
éditions

Sommaire

Introduction

Nos rêves sont peuplés d'un temps déjà révolu. Malgré notre jeune âge nous avons vu, en peu de temps, la magie de notre enfance s'écrouler. Nous sommes nés dans les années 1990. Une décennie en suspens. Elle ne connut pas de grandes révolutions mais plutôt l'entérinement d'un modèle social et économique, celui d'un capitalisme dérégulé qui érigea la seule quête du profit individuel en loi universelle. Si son avènement fut progressif et si le progrès dont il se dit être le messager fut également source d'espoirs et de réussites, les années de notre enfance ont été marquées par une accélération exponentielle de son emprise : aucun territoire, aucun foyer, aucun individu n'a pu réellement lui résister. Il a modifié en profondeur l'*habité* des territoires, transformé les valeurs sociales des communautés et des villages ; il a achevé de détruire ce qui pourtant faisait notre émerveillement quotidien : la diversité du monde. En l'espace de trente ans, ce dernier s'est uniformisé, les reliefs que nous aimions ont été aplanis, les chemins de terre bitumés, les maisons à colombages remplacées par des façades lisses et banales. Fils de la fin du XXe siècle, nous faisons partie de la génération qui a été la plus connectée à la diversité du monde et celle qui a vécu avec la plus grande intensité sa destruction massive et précipitée. Nous sommes les enfants de l'uniformisation, nous sommes une génération écrasée et brisée.

Le monde coloré de notre quotidien s'est rapidement teinté de noir et de blanc. Vivre dans un monde désenchanté est difficile et cette perspective a fait naître une série d'inconforts dans nos vies. Nous avons rapidement voulu trouver les chemins susceptibles d'expliquer nos sentiments de regret. Nous sommes alors entrés en écologie comme on entrait jadis dans l'armée. Par passion, par conscience d'une mission à accomplir, par nécessité vitale. L'étendard patriotique était pour nous la découverte de cette diversité oubliée, à la fois naturelle et culturelle, et de la façon dont elle pouvait s'exprimer dans les territoires de par le monde. Notre quête nous a d'abord menés dans les livres, puis sur des pistes plus lointaines, convaincus alors que seuls des voyages vers l'ailleurs nous permettraient de comprendre ce que nous avions perdu ici. Nous sommes donc partis pour découvrir comment cette diversité se déployait çà et là ; comment elle était prise en compte par les penseurs, les sages et les politiques des contrées les plus reculées ; quelles étaient les menaces qui pesaient sur elle d'un continent à l'autre, et surtout comment ces menaces étaient reliées les unes aux autres à l'échelle internationale. Des villages berbères de l'Atlas aux hameaux des contreforts de l'Himalaya en passant par les sociétés animistes africaines, nous gardons de ces moments de vie arrachés au temps une indéfectible admiration pour les personnes rencontrées, mais aussi une certaine amertume. Car dans tous les recoins de la planète, nous avons vu le bulldozer de l'uniformisation à l'œuvre, broyant implacablement sous ses chenilles des siècles de relations, des équilibres naturels précieux et des codes communautaires empreints de solidarité, de bienveillance et d'altruisme. Partir sur les routes du monde invite à s'aviser de ses merveilles, mais aussi à se confronter à ses horreurs. Sur les ruines de la guerre, sur certaines structures culturelles et sociales effondrées, sur le sacrifice d'une nature trop souvent pillée, nous avons vu la diversité tant rêvée disparaître.

Tous les changements amenés par le capitalisme n'ont, certes, pas entraîné que des désastres. Globalement, la santé humaine s'est considérablement améliorée, les communautés n'ont cessé d'avoir des possibilités de mieux se connaître, notamment grâce à l'essor des transports et des moyens de communication. Néanmoins, ces bénéfices ont été payés au prix fort : le capitalisme a imposé ses conventions et ses rythmes à des sociétés et corps sociaux qui avaient choisi de vivre autrement. Ces changements ont véhiculé des dynamiques d'exclusion ; ils ont confiné les communautés et les individus à des catégories prédéfinies qu'ils ont mises en concurrence pour l'accès aux biens, aux services, à la notoriété et à l'émancipation. La nature s'est opposée à la culture, l'art à la technique, les émotions à la raison : les sociétés occidentales sont devenues duales, faisant naître une multitude de nouvelles précarités. Nombre de communautés, de non-humains et de territoires resteront dans l'histoire comme les grands oubliés de ces mutations. En manipulant la différence, les sociétés occidentales ont fini par gommer ce qui nous relie à tous les êtres vivants. Or nous sommes tous les habitants d'une même planète, à la fois noble et fragile, et cette manipulation conduit, dans de larges proportions, à des destructions indélébiles. Uniformité et précarité sont les deux avatars d'un même processus, dont les conséquences ont déchiré le rideau de nos vies. En effet, construire une société dans l'opposition permanente entre nature et culture, c'est légitimer l'instrumentalisation des êtres vivants non-humains et, de ce fait, participer à l'érosion de la biodiversité. Construire une société sur un seul mot d'ordre, celui de la quête du profit individuel, c'est également laisser sur le bas-côté toutes les communautés qui ne peuvent ou ne veulent obéir à cette injonction : les plantes, dont la temporalité diverge éminemment de la nôtre ; les milieux populaires, qui bénéficient de moins d'opportunités que les autres ; les minorités oubliées et maltraitées ; les espaces ruraux enclavés ; les villes petites et moyennes phagocytées par l'emprise métropolitaine… De l'emballement climatique à la chute dramatique de la biodiversité en passant par les fractures criantes à l'intérieur des territoires nationaux et entre les pays, nous n'avons jamais autant parlé d'insécurité, de ruptures, de cicatrices et des ténèbres potentielles des scénarios à venir. Face à la précarité du monde et au désenchantement des territoires, nous affirmons haut et fort notre refus et opposons toute la résistance dont nous sommes capables.

Ces rêves qui sommeillent en nous

Ce livre arpente donc les couloirs des pensées qui nous animent depuis quelques années déjà. Les apports des disciplines que nous pratiquons, la géographie, l'anthropologie et le droit, mais également nos expériences de vie, nourrissent la première partie de ce livre consacrée aux trajectoires d'uniformisation à l'œuvre. Que ce soit dans les pays occidentaux ou ceux d'ailleurs, nous invitons, dans cette partie, les lecteurs à prendre le chemin des régions au cœur de nos recherches et de nos expériences vécues. Les Cévennes, l'Afrique de l'Ouest, l'Australie, tout comme l'Amazonie, nous ont retourné l'esprit et nous avons envie de raconter, à notre tour, ce que nous avons vu et compris dans ces territoires. En plongeant dans leur complexité, quelque chose nous a particulièrement bouleversé : dissocier *nature* et *culture* n'est qu'une construction mentale et sociale, loin d'être partagée par toutes les sociétés humaines. Cette révélation, au cours de nos lectures et de nos rencontres, nous a donné à voir de nouvelles formes de récits communs, que nous ne soupçonnions pas jusqu'alors. Des récits qui positionnent tous les humains et non-humains dans un tissu de relations, au sein d'une même communauté de destins. Nous en avons aujourd'hui la conviction, c'est par la relation qu'un monde équilibré se crée ; c'est par la relation entre un groupe d'humains et un territoire que naît la diversité ; c'est par la relation que les humains et les non-humains parviennent à se connaître et à s'émanciper réciproquement. Dans plusieurs sociétés humaines, ce sont ces mêmes relations qui font l'objet des arbitrages politiques et des décisions sous-jacentes. Dans les sociétés occidentales, ce sont ces mêmes relations que nous n'arrivons plus à discerner, effacées qu'elles sont par l'individualisme et un vœu pieu d'indépendance. Ce constat nous amène à porter un regard nouveau et radical sur les enjeux des sociétés occidentales : nous cherchons maintenant à imaginer des concepts et à définir des voies sur lesquelles s'engager pour renouer avec les relations qui nous entourent. La deuxième partie du livre propose donc d'examiner les outils permettant de redécouvrir les possibilités qu'offre un monde de relations ! Afin de concevoir ces relations dans le cadre de dynamiques émancipatrices, nous les plaçons également sous le regard insistant d'une justice renouvelée. Car, si l'on n'y prendre garde, des systèmes de relations peuvent aussi légitimer des formes de domination et de subalternité. En valorisant une culture comme davantage pertinente, en diffusant telle ou telle modalité d'aménagement du territoire comme valable pour tous et partout, en référant les compétences de chacun à des cases liées au genre, à la race, à la couleur de peau, à la religion, au quartier de l'enfance, nous masquons toujours d'une apparente bienséance la supériorité d'un être sur un autre, d'un code sur un autre, d'un territoire sur un autre. Que le lecteur fasse donc attention, *relation* est un mot romantique que l'on pourrait croire, a priori, affranchi d'un militantisme de combat. Et pourtant, nous le verrons au fil des pages, appréhender les sociétés sous l'angle de la relation est révolutionnaire, car les perspectives *relationnelles* bifurquent radicalement par rapport au regard classique que portent les Occidentaux sur le monde. Poser la relation comme première revient nécessairement à remettre en question l'individualisme qui enchâsse nos sociétés, et à bouleverser la majorité des catégories intellectuelles et politiques sur lesquelles la connaissance occidentale s'est édifiée. Nous en avons été les premières victimes dans la mesure où, au gré de nos réflexions, ce qui nous semblait être acquis dans nos parcours intellectuels s'est rapidement défait. L'intégralité de ce qui nous entourait paraissait perdre de son sens : les programmes scolaires, l'aménagement du territoire, les politiques publiques, la façon de porter l'économie, les visions du futur et du progrès… tout semblait obsolète. Néanmoins, cette perte de sens a constitué les prémices d'une renaissance idéologique. Petit à petit, en réapprenant ce qui peut nous unir les uns aux autres, la magie a fini par opérer de nouveau. En assimilant les concepts propres à une société de la relation, nous avons été capables d'enrichir notre quotidien, car la diversité que nous projetions sans cesse ailleurs existe également chez nous, mais nous ne disposions que de trop peu d'outils pour la percevoir et la valoriser. En renouvelant la façon de considérer le monde, en enrichissant la compréhension et la découverte de l'autre dans sa singularité, et en cultivant la justice, de nouvelles perspectives s'ouvrent à nous, qui permettent un renouveau ontologique, en définissant la place de l'humanité dans la grande fresque du vivant. Les réseaux de relations que nous pensons et déployons dans ce livre dépassent de loin la corporalité d'une personne, ils dépassent de loin la temporalité d'une vie humaine. La deuxième partie du livre revient en détail sur ces différents outils intellectuels, et plaide pour une progression scientifique et citoyenne qui replace la diversité et la solidarité au cœur de nos existences et de nos trajectoires de développement. C'est également dans la deuxième partie de l'ouvrage que nous reviendrons sur les chemins du quotidien, ceux à partir desquels la relation peut se vivre et se développer jusqu'à, nous l'espérons, submerger toute la société. Le chantier est immense, la relation est la somme de toutes les facettes de nos vies, des plus éloignées au plus intimes. Chacune de ces facettes est un territoire à conquérir et à construire. Le jeu en vaut la chandelle, car il ouvre le champ à des façons de vivre les territoires capables de dépasser sans division l'anthropocentrisme, en accordant une considération renouvelée aux non-humains, capables aussi de contribuer à une meilleure justice sociale par le développement de chaque espace dans sa singularité et dans sa diversité. Ces dernières, nous l'espérons, seront le terreau des jardins et des oasis de demain.

Une pensée horizontale

Tout au long de ce livre, nous avons essayé de mettre en récit les réflexions qui nous habitent. Les essais des chercheurs sont généralement secs. Ils manient des concepts avec précision mais compliquent l'assimilation de leurs idées. En déracinant également leurs réflexions de leurs propres perceptions, de leurs ressentis et souvent, par extension, de leurs expériences, ils rendent également invisible une part importante de nos manières d'appréhender le monde : le sensible. Revoir comment habiter la Terre ne peut se résumer à une équation mathématique ou à un concept anthropologique. Ce renouveau nécessite un souffle et une énergie qui sortent des carcans de la recherche habituelle et s'affranchissent de celui des vieux critères d'écriture académique. Selon nous, ce souffle émane davantage des grands romans, des mots des poètes, du creux des lignes d'écrivains inspirants qui nous invitent autant dans les recoins de leur tête que dans les chambres et les jardins qu'ils ont l'habitude de cultiver. Sans prétendre manier le romanesque ni la poésie, cet ouvrage s'inspire cependant de ces littératures en essayant, à sa manière, de régénérer le ton sur lequel on explique ordinairement le monde. Nous avons donc choisi un style narratif personnel, permettant à chacun de piocher dans les réflexions exposées des idées en correspondance avec son imaginaire, les enjeux de son territoire et les difficultés de sa propre existence. Notre parti pris rédactionnel permet aussi de distiller ici nos propres subjectivités. Nos voyages, nos rencontres, nos lectures ont dynamité notre esprit, ils ont eu sur nous un effet que nous souhaitons également exprimer dans ce livre. Cependant, il est évident que d'autres voyageurs et d'autres lecteurs pourront avoir des perceptions différentes d'un même lieu. En tant qu'auteurs mais aussi lecteurs nous-mêmes, nous sommes en partie constitués de l'addition des relations qui composent et façonnent nos vies. C'est pourquoi nous analysons chaque situation et chaque phrase au regard des imaginaires qui nous habitent. Les pages à suivre proposent un aller-retour permanent entre nos expériences personnelles et les théories défendues par de nombreux auteurs en sciences humaines et sociales, permettant néanmoins aux lecteurs de s'approprier nos expériences et d'extraire de nos réflexions des outils pour s'engager également dans le sillon de la relation. Enfin, ce livre est pensé comme un tableau d'ensemble. Penser et construire la relation dans nos sociétés ouvre sur un horizon immense, chaque chapitre pourrait ainsi faire l'objet d'écrits spécifiques et de livres dédiés. Toutefois, si la recherche a couramment pour intention de cultiver une pensée spécialisée sur des thèmes extrêmement précis, nous sommes pauvres de démarches visant à cultiver des liens entre les différents sujets de recherche pour essayer de répondre dans une perspective systémique aux crises sociales et environnementales qui traversent les sociétés. À notre échelle, nous tentons d'atteindre cette ambition. En accumulant les constats, en croisant les approches et les disciplines, en nous efforçant de comprendre les défaites communes qui caractérisent le monde contemporain, mais aussi en réfléchissant aux démarches futures qui peuvent nous rassembler, nous polissons, dans ces pages, une pensée horizontale que chacun peut s'approprier pour inonder ses actions d'un sens ravivé. En compilant les données de disciplines diverses et d'auteurs pluriels, en confrontant subjectivité et objectivité, et en élaborant une nouvelle voie commune, ce livre est lui-même un exercice de mise en relation.

Dans cette même volonté d'œuvrer à un nouveau sens commun, nous avons souhaité éviter un piège frappant dans les essais en écologie : dire aux gens quoi faire. Trop souvent, les livres en la matière relatent les actions portées dans les territoires en en faisant les solutions des mondes de demain. Mais si ces solutions sont pertinentes, c'est justement parce qu'elles ont su s'adapter à des enjeux locaux et à l'épaisseur historique du territoire. Les mettre en application telles quelles dans d'autres territoires reviendrait à réfuter la complexité anthropologique et écologique propre à chacun. Nous comprenons bien sûr les louables inspirations que ces personnes, que nous considérons par ailleurs comme des héros territoriaux, veulent insuffler au monde. Toutefois, en considérant ces actions locales comme la nouvelle voie universelle à suivre, leurs auteurs peuvent, plus ou moins consciemment, participer à l'uniformisation desdits territoires. A contrario, investir la relation dans nos façons de penser et d'agir nous semble renouveler concrètement la cause sociale et environnementale, sans tomber dans le piège de l'uniformisation. Les explications développées tout au long de notre récit cherchent d'une part à renverser un monde que nous ne voulons plus, un monde destructeur de la diversité, et d'autre part à suggérer une méthode que tous peuvent s'approprier, du décideur public au jardinier, pour s'engager dans la relation. En accueillant la vulnérabilité, en favorisant la rencontre et en exerçant la justice, mille et un projets émergent pour soutenir la diversité des personnes et des territoires qui dessinent notre quotidien. Dans cette même volonté de contourner les dynamiques d'uniformisation du monde, nous parlons peu de solutions politiques à l'échelle des États-nations. Sans en être encore persuadés à l'heure où nous écrivons ces lignes, nous estimons qu'il est possible, et même fortement possible, que le fonctionnement des grandes nations centralisatrices, à l'image de l'État français, soit incompatible avec l'idée d'une société de la relation. Nous pensons effectivement que cette dernière, nous le verrons ultérieurement, ne peut se déployer dans la diversité qu'à partir du moment où elle est mobilisée à l'échelle de l'expérience partagée. De prime abord, ce positionnement peut sembler paradoxal face à l'urgence des crises sociales et environnementales qui dégradent actuellement les territoires. Il existe une tension permanente, dans les milieux militants, entre l'urgence de répondre à la crise et la mise en place de solutions qui exigent volontiers de la maturation, du travail et du temps. Cependant, l'urgence conduit à proposer des solutions trop rapides, insuffisamment réfléchies, et qui percutent les territoires au lieu de les amadouer et les servir. Nous le verrons plus tard, certaines solutions dites *écologiques* participent également à détruire la diversité du monde, des individus et des paysages qu'elles sont pourtant censées protéger. Dans les solutions que les sociétés trouveront aux crises, nous avons besoin d'un nouveau sens commun, qui puise dans une refonte complète des piliers des sociétés. Nous assumons ce pas de côté qui libère de la tyrannie d'un prêt-à-penser, afin de questionner au mieux le monde, tout en forgeant des outils permettant de franchir les barrières qui ruinent la possibilité de relations apaisées et émancipatrices. Les questions sont des armes plus tranchantes que les réponses, elles embrayent une dynamique bien plus profonde et pertinente.

Dans les chapitres qui suivent, les angles choisis tendent donc à ébranler des orientations sociétales que nous avons perdu l'habitude de questionner. Si le lecteur ferme ce livre en se posant plus de questions que lorsqu'il l'a ouvert, alors nous aurons réussi la première partie de notre pari : celui de contourner un prêt-à-penser qui ne fait que détruire la diversité. Si le lecteur ferme ce livre avec une volonté de lancer des actions qui prennent pour socle la vulnérabilité, la rencontre et la justice, que ce soit dans un projet associatif, une démarche d'élu, ou simplement pour aller discuter avec un voisin depuis trop longtemps négligé, alors nous aurons rempli un deuxième objectif : celui d'inciter les individus à montrer l'exemple d'une société de la relation dans leurs territoires.

De cette pensée de la relation que nous appelons de nos vœux, tout reste à inventer. Ce livre est un premier essai dans ce sens. Il est le messager de notre conviction profonde qu'à l'aube des catastrophes à venir, ériger une société de la relation porte l'espoir que des mondes métis et singuliers, peuplés d'humains et de non-humains, promettent à la fois le dépassement de la vanité humaine et l'horizon des sociétés de demain, poétiques, équitables, harmonieuses et fédératrices. Nous avons la certitude que la cause relationnelle est maintenant le combat de tous les combats. Elle ouvre la voie d'un monde enrichi et fier de ses altérités. Osons trouver cette voie et nous y engager !

PARTIE 1
TRISTES TERRITOIRES

Le silence des campagnes

Grandir dans l'évasion a été pour nous synonyme de nombreuses joies. Il semblerait d'ailleurs que les routes de notre enfance ont influencé les premières expressions d'une passion qui ne s'est jamais démentie. Très jeunes, nous avons été pénétrés par une envie insatiable de diversité. Il faut avouer que le milieu dans lequel nous avons été élevés s'y prêtait parfaitement. Les villages de notre enfance étaient infusés d'onirisme, sillonnés de chemins infinis, traversés de rivières sinueuses ondulant sur des reliefs émoussés parsemés de quelques arbres centenaires aux sagesses inconnues, et qui nourrissaient notre imaginaire et les mystères que nous n'avions pas encore percés. Nous égarions notre esprit dans les bosquets, où chaque être vivant donnait l'impression de rayonner comme une pierre polycéphale, dont chaque facette nous indiquait des trésors à découvrir. C'est une époque empreinte de nostalgie, marquée par des cabanes dans les bois, une insouciance collective face aux problèmes du monde. Rien ne nous faisait peur, tout n'était que jeu, exploration et trouvailles.

La curiosité est un vilain défaut prétend le dicton. Pourtant, comment ne pas encourager cette mise à l'épreuve des sens et de l'esprit qui, dès l'enfance, invite à dialoguer avec l'inconnu ? Comment ne pas plaider pour les questionnements permanents soulevés par une herbe éphémère, une senteur infime, un frisson éprouvé, et qui jalonnent notre apprentissage du monde ? En quête de leçons, nous avons couru les bois, vécu avec des animaux, fouiné dans des bibliothèques délaissées quelques livres abîmés dont la couverture vieillie traduisait déjà une promesse. Les maisonnettes de village, au charme plus ou moins flagrant, faisaient également notre fierté. Elles renfermaient des petites pièces cachées, modestes en allure, mais qui dévoilaient de véritables richesses à qui savait y faire : l'odeur des caves profondes invitant quotidiennement à écouter les grondements du sol ; les poutres et les mansardes de greniers poussiéreux se muant, le soir venu, en une écluse rapprochant nos rêveries du ciel. Mais les années passant, nous avons vu s'étioler la magie des territoires. En l'espace de dix ans, nous les avons vus changer sous nos yeux. La platitude et l'uniformité ont dérobé les ombres et les lumières des villages. Les anciennes terres agricoles sont rapidement devenues des quartiers périurbains où les pavillons d'aspect homogène creusent l'espace d'entailles nouvelles qui rarement cicatrisent. Les ruisseaux ont été ensevelis, les chaumières ont disparu derrière des briques, moins chères à produire et à entretenir, les palissades de bois et les murets de pierres ont également été abandonnés pour de mornes bâtisses, et les jardins anciennement ouverts ont été fortifiés par des clôtures de plastique blanc. Certes, des lieux résistent, mais ces modifications bouleversent plus qu'il n'y paraît et invitent à repositionner les arbitrages individuels et collectifs autour de ce que nous souhaitons garder et que nous sommes pourtant en train de perdre. Est-ce la magie enfuie de notre enfance qui nous a donné envie, parvenus à l'âge adulte, de porter un regard critique sur les dynamiques territoriales qui composent les sociétés occidentales ? Alors qu'enfants, nous aimions aller de village en village découvrir les diversités que l'on y inventait, aujourd'hui faire le tour de la France nous donne l'impression de visiter des terres identiques. Une question tambourine dans nos cerveaux depuis de nombreuses années déjà : comment en sommes-nous arrivés là ? Dans les territoires de notre pays, nombreux sont les signes de tristesses vagabondes qui permettent d'expliquer la situation des villes et des villages d'aujourd'hui.

Le cimetière des châtaigniers

Quelque part sur les hauts plateaux cévenols, sur des coteaux d'herbes sèches et sous l'ombre de pins sucrés, il existe un chemin. Il démarre en haut d'un petit village enclavé et aboutit, à l'issue d'une longue grimpette, dans un hameau surplombant les proches vallées. Nous y sommes allés. Pouvait-il en être autrement ? Les routes des territoires pénètrent dans un monde multiple. Le fréquenter, c'est se laisser envahir par des imaginaires puissants, rayonnants et envoûtants. De ce point de vue, les Cévennes sont un éden. Stevenson en était déjà convaincu. De son voyage dans la région, il dépeint une mosaïque paysagère aux écosystèmes extrêmement pluriels, tellement pluriels qu'il finira par caractériser son séjour comme une immersion dans *les Cévennes des Cévennes*[1]. La beauté de ce massif ne saurait éclipser un autre visage qui, petit à petit, prend forme sous la plume de l'auteur, celui d'une région rude, aux corps de pierre, aux hivers fiévreux et aux individus forts d'un caractère tranché.

L'histoire des Cévennes n'a, en effet, pas toujours été des plus idylliques. Ses terres ont connu maints tourments. Ses hivers froids et neigeux, ses épisodes de pluie interminables et ses routes de crête meurtrières ont obligé nombre d'habitants à jeter l'éponge et à rejoindre des terres plus indulgentes et moins périlleuses. Pourtant, la dureté n'est parfois que le reflet d'une douceur secrète. Car, malgré les difficultés, les Cévennes ont su de tout temps forger des réseaux solidaires touchant les cœurs. Les grottes offraient des caches aux armes des protestants qui souhaitaient simplement vivre libres et heureux. Certains Cévenols étaient des guerriers. En lutte contre l'oppresseur monarchique et catholique, de toutes leurs forces, ils ont défendu leurs corps et leurs âmes. D'autres Cévenols encore ont été des justes. Les hameaux d'altitude ont dissimulé nombre de juifs. Trop perchés, loin sur les arêtes venteuses, ils ont épargné à leurs réfugiés la traque de l'occupant allemand. Les années 1970, enfin, ont vu des vagues de hippies déferler dans les villages. Ils étaient venus des grandes villes chercher dans les vallées des lieux de vie propices à la liberté, au vivre-ensemble et à la solidarité[2]. À une époque où les campagnes se vidaient de leurs populations, les communautés hippies ont apporté autant de craintes que d'espoirs : leur mode de vie restructurant des traditions ancrées a pourtant su redynamiser moult petits lieux. Mais la plupart n'ont pas résisté à l'âpre climat des montagnes et sont partis. Leurs œuvres ont laissé des ruines, mais aussi des idées reprises par certains habitants. Ceux qui sont restés ont su pardonner les départs intempestifs.

L'histoire des Cévennes est d'autant plus troublante que le territoire n'a jamais eu d'unité sociale et politique[3]. Louvoyant entre quatre départements et deux régions, elles se sont constituées de royaumes épars et sont, encore aujourd'hui, gouvernées par des administrations différentes. Sous la plume de Stevenson et, bien plus tard, dans les écrits de l'historien Patrick Cabanel, qui a fait des terres cévenoles la source de ses réflexions, le lecteur peut discerner un point commun aux dynamiques qui ont impacté les vallées : une culture de la résistance. Face aux différents systèmes d'oppression, les Cévennes ont été le premier maquis. De nos jours, elles restent marquées par le sceau de modes de vie aux mille inspirations. Dans les Cévennes, on se sent respirer.

La dernière tomate

Cela dit, la poésie des lieux ne peut complètement cacher une autre réalité, contemporaine cette fois, qui écharpe le paysage de cicatrices nouvelles : certains territoires ruraux donnent désormais à voir des terres brûlées. Surplombant le petit village de Robiac, le hameau de crête auquel nous a menés le sentier de randonnée en est l'un des tristes exemples. Ses vieilles maisons en pierres aux toits affaissés sont le théâtre d'un retour spontané de la nature : les racines perforent les murs, et les tuiles de lauze disparaissent sous l'argile et la terre. La forêt reprend progressivement ses droits. Ici, les Cévennes se replient sur elles-mêmes, abandonnant les activités humaines à un passé déjà ancien et révolu. Entre les ruines se dessinent les activités qui animaient jadis le bourg. Le chemin séculaire est toujours là, il dessert une esplanade que l'on devine comme l'ancienne place du village. Quelques fondations subsistent, elles caractérisent une forge peut-être, une échoppe de menuisier aimons-nous penser, un potager sans aucun doute, dont les légumes et les fruits garnissaient généreusement les tables, tandis que les fleurs enjolivaient les chemins de traverse d'un charme coloré. Que serait la vie d'un hameau sans les lignes poreuses et ondulées d'une parcelle maraîchère honnête et fructueuse ?

Dans les villages ruraux, il fut un temps où les jardins, tantôt privés, tantôt collectifs, rythmaient les récits de vie. Le paysagiste Gilles Clément, grand amoureux de ces espaces, les caractérise d'ailleurs comme des lieux universels dans lesquels les humains placent le « *meilleur, le plus important ainsi que le plus rare de leurs époques*[4] ». Selon l'auteur, les jardins ont toujours été de petites parenthèses où le lien peut indéfiniment se reconstruire. Ils sont l'écrin d'unc foison de rêves et d'espoirs, à la fois le miroir de la personnalité de ceux qui les cultivent et l'extension matérielle, concrète, du territoire qui les abrite. Chaque potager possède un style, un caractère, un horizon. Les jardiniers sont des marchands, ils échangent avec des entités qui, paradoxalement, sont à la fois clients et fournisseurs, à la fois employés et employeurs. Ces entités, ce sont le ciel et la terre, les saisons, le soleil et la pluie, la teneur en argile et les cocktails des nutriments du sol. Contraints de quantité de manières, le jardinier essaye tout de même de *jouer à bon jeu* et de soigner un lieu qui reflète ce qu'il souhaite faire valoir. Les jardiniers sont des poètes qui écrivent le territoire par leur pratique agricole. Ils accueillent la saison pluvieuse avec joie, grincent des dents lorsque le sol se fait rocailleux, prient pour que le ciel soit miséricordieux. De la semence à la cueillette, les potagers sont le temple d'un culte écologique dont seuls les jardiniers connaissent les psaumes et les oraisons. La dernière tomate est, à ce titre, extrêmement symbolique. La cueillir est un moment tant apprécié que redouté, car elle livre en bouche les saveurs suaves d'une chair tendrement sucrée, et elle offre à l'odeur un doux parfum de nostalgie. La déguster devient alors une cérémonie, une ode à la vie, la conclusion d'un cycle. Le vert des feuilles et le bleu du ciel laisseront bientôt place aux couleurs automnales teintées de rouge, d'orange et de jaune. La dernière tomate mangée indique que l'été vient de s'achever.

De tout temps, et en dépit de leurs innombrables singularités, les jardiniers avaient en commun de porter en leurs mains de nouvelles dynamiques d'appropriation territoriale[5]. Bien que les sociétés contemporaines nous aient appris à négliger l'ordinaire, les actes les plus élémentaires recèlent parfois une production permanente de pensée, de culture et de partage. Les jardins villageois en étaient les premiers témoignages car, derrière les apparences, les gestes banals des jardiniers offraient de magnifiques espaces de création et de résistance. Par la délimitation d'une parcelle, par le dessin des planches de culture, par la construction d'une cabane où il faisait bon se reposer entre deux récoltes, les potagers étaient les lieux d'un tourbillonnement constant de couleurs et de senteurs. Jardiner, c'était aussi dialoguer avec la différence[6]. De la proximité d'insectes furtifs venant prélever un peu de précieux pollen, aux hommages rendus aux récoltes qui remplissaient les tables et les caves, les jardins permettaient d'installer le non-humain dans tous les cœurs et dans tous les mots.

Aux côtés des nuées d'êtres vivants qui caractérisaient les paysages jardinés se terraient parfois des objets abîmés, rouillés, fragmentés. Leurs formes et leurs colorations pouvaient se confondre avec l'ocre de la terre, le bois d'un vieil arbre adossé à une cahute et dont les branches, pour mieux s'enchevêtrer, transperçaient les carreaux cassés d'une fenêtre laissée fermée. Plus ou moins régulièrement, dans un temps éphémère, le jardinier se surprenait à allumer délicatement sa lanterne, à empoigner d'une main calleuse un vieux sécateur rouillé ou une bêche dont le manche en bois fissuré semblait déjà se fossiliser. De cette pratique, seul le jardinier connaissait les secrets. Ces objets étaient partie de l'héritage d'une famille, d'un aïeul, d'une grand-mère qui, entre d'autres temps, utilisaient ce même objet, pour le même usage, dans un même rapport au vivant, au lieu et au territoire. Par les objets qui meublaient les espaces jardinés, de nouvelles histoires étaient sans cesse racontées. Tantôt individuelles, tantôt collectives, elles impliquaient dans l'équation un temps qui n'appartient pas seulement aux mortels. À la découverte des personnages qui faisaient la gloire des jardins, nous n'emmènerons pas le lecteur. Il y avait des invités qu'il convient de taire pour mieux se remémorer leurs fantômes.

Cultiver son jardin, en Cévennes comme ailleurs, revenait à redessiner les formes de la géographie, à féconder la poésie d'une rue et la vie d'un territoire. Les jardins étaient des recueils où s'écrivaient au quotidien les destins de diverses communautés humaines et non-humaines. Et dans le hameau cévenol désormais sans habitants, sans travail aux champs et sans horizon, les histoires entrelacées entre les humains et la terre semblent s'être tues. À regarder les courbes du village s'affaisser, à écouter les silences glacials qui supplantent maintenant la prose des pratiques jardinières et des fêtes villageoises, la tristesse se transforme rapidement en regrets.

Reste néanmoins la vue. À l'orée de l'ancien hameau, le précipice gouverne les proches vallées. Il dévoile au regard la possibilité de lire l'espace et d'interpréter les signes paysagers. De là-haut, nous pouvons observer les contours des villages environnants. Précaires et pauvres, ils ont perdu, pour la majorité d'entre eux, leurs commerces et activités. Certaines maisons sont abandonnées, d'autres restent habitées. Vides et muettes le jour, leurs occupants allant travailler dans les zones urbaines voisines, elles s'éclairent de quelques lumières le soir venu. Ces villages sont devenus des dortoirs, et le silence qui en submerge les rues en journée modifie leur rythme en profondeur. Ils perdent leur vie. Les terres agricoles sont remplacées par des résidences de vacances, identiques en tous points aux maisons qui poussent aujourd'hui partout en Europe, et les éternelles magnaneries sont accaparées par des réseaux d'hôtellerie de luxe. La fête ne se chante plus. Les places et les venelles ne vivent plus que de mornes souvenirs. Elles ont cessé d'être des lieux publics de rencontre, de partage, de promenade et de flânerie bavardes. Les boules de pétanque ne s'entrechoquent plus, les clarines des vaches laitières ne tintent plus. Seul le bruit des voitures fend l'atmosphère torpide, comme si les routes seules permettaient d'échapper à un présent devenu trop lourd. Un aller simple pour l'inconnu, vers un monde meilleur, vers une vie qui s'invente par des rêves de voyages et de grandeur. Évanouis le jour, enfermés le soir, les villages sont des communautés qui se délitent[7]. Assurément, quelques mas résistent, leurs pierres teintées et leurs volets colorés donnent au paysage des touches d'arlequin, mais la plupart sont vacants en hiver. Ils reprennent vie en été, lorsque la chaleur baigne de nouveau les coteaux, les places et les petits restaurants. Comme si le soleil ramenait chaque année une bouffée d'oxygène. Ainsi la saison estivale insuffle-t-elle une énergie, certes fugace, mais qui permet sûrement au territoire de ne pas sombrer complètement.

La fin du grand métier

Toujours sur les hauteurs du hameau cévenol, dans le labyrinthe des villages et sur les pentes rocailleuses des montagnes, le regard bloque sur d'anciennes terrasses en pierres sèches. Il n'y a pas si longtemps encore, elles accueillaient d'opulents châtaigniers sous lesquels prospérait un maraîchage intense, que les feuilles des arbres amendaient naturellement. Parfois, les cultures étaient complétées par un petit élevage qui, à l'ombre des frondaisons, restait protégé des températures accablantes de l'été. Un système agricole évocateur des récentes techniques d'agroforesterie, qui associent sur une même parcelle cultures et végétation, animaux et forêts, humus et canopée, et se déploient aujourd'hui dans le cadre de la transition écologique de l'agriculture[8]. En agroforesterie, les complémentarités entre les êtres vivants évitent l'utilisation d'intrants et permettent d'accroître la productivité de chaque parcelle. Les Cévenols étaient-ils les premiers sages, défenseurs d'une agriculture qui prend soin des humains et de la terre ? Ce qui est certain, c'est que ces savoirs ancestraux ont su toucher jusqu'aux lointaines institutions internationales. L'Unesco a labellisé les courbes du pays. Selon l'organisme, les terrasses qui sculptent toujours le territoire marquent à la fois l'authenticité d'un mode de vie en harmonie avec l'environnement et la pertinence d'un système agricole permettant de s'adapter aux contraintes méditerranéennes, attendu que chaque étage des terrasses constitue une réserve d'eau qui abreuve les plantes avant de s'écouler au palier inférieur.

Néanmoins, là encore, la fierté agricole des gardiens du territoire semble s'éroder. L'Unesco elle-même prévient que la plupart des terrasses sont abandonnées. L'histoire est connue et les fait établis : la modernisation de l'agriculture a entraîné le délaissement des petits pays agricoles enclavés et montagneux, le remembrement a transformé l'attelage des fermes et des terres agricoles en monotones champs de céréales. De même, la chimie et les moteurs, encouragés par d'ambitieuses politiques économiques, ont rapidement été adoptés par les agriculteurs, minant à long terme la capacité des filières à embaucher et à investir. À présent, le salaire d'un paysan sert principalement à rembourser les prêts contractés pour acheter des machines ou des services numériques destinés à mieux gérer la ferme. La chimie a été un sacrifice qui a emporté dans son sillon mortifère la plupart des emplois agricoles, puisque la spécialisation des exploitations, rendue possible par les produits phytosanitaires et le machinisme, a permis à chaque agriculteur de tirer profit de plus vastes surfaces en moins de temps. L'agriculture s'est alors transformée en une course sans fin vers davantage de productivité, davantage de rendement, davantage de tracteurs, davantage de terres… mais pour toujours moins de travailleurs[9]. La profession est maintenant une machine de guerre et semble participer quotidiennement à sa propre destruction. Si toutes les régions ont été marquées en profondeur par cette révolution agricole, celles des montagnes ont subi de plein fouet leur incapacité à s'orienter vers des monocultures mécanisées. En Cévennes, les pentes rétives et les saisons rudes sont gourmandes de main-d'œuvre. Les murs en pierres sèches et les cultures qu'ils supportaient sont devenus trop coûteux à construire, trop difficiles à entretenir. L'agriculture des Cévennes tend à être remplacée par des cultures homogènes sur des terrains plats en bordure du pays. Si bien qu'aujourd'hui, les neuf dixièmes des châtaigneraies sont définitivement à l'abandon. Le maraîchage est pareillement devenu invisible, lui aussi parti vers l'aval, sur des terrains moins rocailleux. L'élevage s'est également tari. Froid éprouvant de l'hiver, chaleur épuisante de l'été, solitude constante… les bergers des hauts plateaux ont décidé d'arrêter. Les bergeries ont été réhabilitées en gîtes cossus pour vacanciers en quête d'isolement. Ici, en Cévennes, c'est un paysage rural dévasté qui se révèle au regard. L'évolution de l'agriculture n'a laissé derrière elle que décombres et poussière.

Les Cévennes ne sont pas la seule région à avoir subi si violemment la révolution verte. Les remembrements agricoles, la spécialisation des exploitations, l'essor des monocultures et les progrès de la génétique ont entraîné, dans de nombreuses petites campagnes, *une logique du pire* pour reprendre l'expression de l'agronome Marc Dufumier. Les bosquets et chemins forestiers du Centre-Val de Loire ont dû faire place à des champs de céréales qui se fondent à l'horizon. La Bretagne a vu ses marais être asséchés et la vie de ses villages se dissoudre face à l'émergence de l'élevage industriel. Si la Bretagne est demeurée une région agricole, son agriculture est désormais coupée de ses paysages et des personnes qui l'ont façonnée. Le Grand Est, criblé de campagnes en déclin, voit des sociétés entières se disloquer, entre ceux qui peuvent partir, convaincus par leurs diplômes que le monde s'invente ailleurs, et les autres, attachés à leur noyau familial ou à un lopin de terre hérité d'un oncle, d'un père ou d'un grand-père, et qui choisissent de persister. Le bilan de la révolution verte est douloureux. Entre les lignes se dégage la séquestration des petits pays. Ils sont devenus des terres d'exil pour leurs communautés villageoises d'autrefois, tout comme pour les non-humains qui en avaient fait leur refuge, devenus aussi des prisons pour celles qui restent et s'estiment les grandes oubliées de la République. L'agriculture chimique a fait naître un *printemps silencieux*[10] : dans de nombreux territoires, les arbres ne chantent plus, les marais ne coassent plus, les roseaux ne caquètent plus, les herbes hautes ne stridulent plus, à l'instar des villages qui ont perdu leurs échos, leurs effluves, leurs vibrations et leurs mélodies. La fierté des anciennes terres de bocage semble avoir été broyée par les assauts de l'uniformisation.

Ceux qui restent

Certes, quelques campagnes résistent, quelques parcelles et jardins sont toujours cultivés, mais ces espaces sont peu nombreux, minoritaires et disséminés. Il faut avoir l'œil d'un aigle pour les apercevoir ! Leur présence a toutefois le mérite de laisser penser qu'il n'est pas impossible d'en ressusciter la gloire. Leurs habitants ont de l'âme et du courage, ce sont des francs-tireurs qui, malgré les puissants vents contraires, s'acharnent à porter des projets au pays, des entrepreneurs assez fous pour miser sur la ruralité, des néoruraux qui, à rebours de leurs contemporains, font le choix de vivre ici, au milieu de nulle part. Ces derniers se ménagent des tanières, réhabilitent des vieux murs, cultivent un champ de possibles[11]. Leur arrivée dans le territoire n'est pas toujours aisée, ils font parfois surgir des doutes et des craintes chez les habitants de longue date. Les identités dialoguent, se bousculent, se jaugent, se mitigent ou s'entrelacent... Naturellement, il y a de la défiance quand les premiers reprochent aux seconds un certain manque d'ouverture, alors que les seconds reprochent aux premiers de bouleverser, peut-être trop rapidement, les codes qui régissent depuis plusieurs générations la vie locale. Mais les discours et les postures a priori finissent par retisser les liens distendus, car les nouveaux arrivants ont besoin de la transmission par les anciens du territoire dont ils sont dorénavant les gardiens. Ces néoruraux sont porteurs d'un avenir possible pour le territoire. Nous respectons de la même manière ces personnes qui explorent de nouvelles voies et celles qui restent, peut-être un peu découragées mais toujours combatives. Elles ont l'esprit des peuples libres, le regard rempli de savoir. Elles sont inspirantes, car leurs réflexions donnent davantage d'importance à la santé de vieux noyers qu'aux folles prescriptions des données statistiques. Peut-être un jour aurons-nous le courage de les rejoindre. Quoi qu'il en soit, nous avons envie de leur crier que leur lutte est juste. Nous avons la conviction que ces personnes tiennent dans leurs mains les solutions qui feront le monde de demain. En attendant qu'un renouveau agricole et villageois émerge, nous en appelons à des jours autrement plus heureux, tandis que sur le haut de la colline, entre les fantômes du passé et les espoirs du futur, le présent est confisqué. Les Cévennes ne semblent pas réellement savoir ce qu'elles sont devenues et s'entêtent peut-être dans l'attente d'un avenir qui raviverait et ferait fructifier le meilleur de jadis.

L'étau de la désindustrialisation

L'agriculture n'est pas la seule clé de lecture du paysage cévenol. Au sommet de la colline, le regard bute par endroits sur des objets imposants évoquant un arsenal de guerre. Les chevalets rouillés des anciennes houillères sont des miradors qui surplombent le territoire. Les bâtiments des aciéries désaffectées, en partie détruits, forment également de grands complexes qui, par leurs immenses murs métalliques et leurs toits plats, tranchent avec le dédale des étroites maisons cévenoles. Ces structures rappellent la région à son histoire marchande, complexe et profonde, qui laisse aujourd'hui un sentiment de déception. Oui, les Cévennes ont connu leurs heures de gloire, celles des industries commerciales du bas-pays qui expédiaient chez les voisins européens l'acier et le charbon[12]. Pour éclairer la situation, il faut se souvenir que dans l'entre-deux-guerres, les industries cévenoles embauchaient plus de 20 000 personnes et attiraient par-delà les mers des travailleurs désireux de tenter leur chance. Quantité de Berbères, de Polonais et de ressortissants d'Europe de l'Est sont venus s'échiner en Cévennes, sous le drapeau français, dans les mines de charbon et les grandes chaudronneries des vallées. Avouons cependant, avec le recul, que nous paraissent bien étranges les motivations qui ont poussé des familles entières à quitter les majestueuses montagnes des Carpates ou les rues odorantes et colorées d'Oran et d'Alger pour s'enfermer loin de la terre de leurs ancêtres, dans des tunnels ténébreux et enfumés. Mais nous comprenons aussi à quel point la jeunesse est marquée par une volonté naïve de décentrement de soi, une envie de trouver ailleurs ce qui semble lui manquer ici. Prendre la route devient alors une nécessité. Elle permet de s'affranchir des aînés, de s'inventer un destin et de choyer l'espoir d'un retour susceptible de mettre la famille à l'abri pour des générations, grâce à quelques trésors accumulés. En somme, ces travailleurs d'ailleurs ont en partie sacrifié leur vie pour essayer d'améliorer celle de leurs successeurs. L'histoire aurait pu être belle, peut-être le fut-elle un moment, mais les évolutions sociales et économiques de l'Occident ont vite coupé court à ces rêves français, et la puissance des petites cités cévenoles s'est précipitamment dégradée. La rapide transition de la France vers l'économie de services, tout comme la mise en concurrence internationale des entreprises françaises, a laissé des légions de femmes, d'hommes et d'enfants sur le côté. Sous l'impulsion des gouvernements français successifs, les territoires ont changé de visage et les industries ont fermé[13]. En pariant sur la transition vers une économie tertiaire, en renforçant cette dernière, en misant sur les activités numériques, les services à la personne où les hubs universitaires, les villes ont dû sans délai réorienter leurs filières sociales et économiques. Si les grandes villes, qui disposaient déjà d'un tissu de services développé et suffisamment maillé, ont su rapidement suivre le rythme, les territoires isolés, eux, ont été tout aussi rapidement déclassés. Ils n'étaient même pas en mesure de prendre le départ de la course. Puisqu'ils étaient très spécialisés dans les filières industrielles qui faisaient leur renommée, l'arrêt de celles-ci a détissé les réseaux économiques locaux, alors même qu'ils n'avaient pas encore acquis les possibilités ni les structures qui leur auraient permis de s'approprier ou d'investir dans l'économie de services. À l'instar des bassins excentrés du Nord et de Lorraine, les Cévennes, et les autres petits pays s'étant dévoués à l'excellence d'une ou deux industries, ont été les grands sacrifiés de la marche forcée vers la modernité[14]. Certains chiffres donnent le vertige : l'industrie française a perdu 71 000 emplois par an à partir des années 1980, et le chômage a passé la barre des 30 % dans certaines communes autrefois industrielles, à l'exemple de La Grand-Combe en Cévennes, ancienne forteresse minière, mais aussi de Lodève, reine déchue du textile, des anciens bastions miniers du Nord de la France, et des aciéries qui firent la fierté de la Lorraine. Une descente vers les abîmes qui ne s'est interrompue qu'en 2007, après que la France a perdu plus de deux millions d'emplois[15]. Deux millions de rêves anéantis et presque autant de familles bouleversées. Aujourd'hui toujours, le niveau de chômage et le taux de pauvreté restent très élevés dans nombre d'anciennes communes industrielles. Les petits pays n'ont pas réussi à se relever de cette hécatombe.

Les facteurs qui expliquent le déclin industriel sont multiples et souvent corrélés les uns aux autres. La libéralisation des échanges a conduit à une importante délocalisation des appareils productifs dans des pays où le travail est faiblement rétribué. Nonobstant une bonne productivité horaire, les coûts de production restent supérieurs en Europe occidentale, et les entrepreneurs voient l'opportunité de maximiser leurs profits en partant à l'étranger. Tandis que la France a rapidement voulu s'orienter vers les marchés du luxe tels que ceux du parfum, de la mode et des filières agricoles à forte valeur ajoutée, ceux-ci restent relativement peu développés actuellement dans l'Hexagone, au profit de nombreux marchés de moyenne gamme facilement concurrencés par des pays où la main-d'œuvre est peu chère. Enfin, en comparaison d'autres puissances économiques, les entreprises françaises connaissent des difficultés pour s'internationaliser, ce qui limite la capacité des gouvernements à peser sur les marchés mondiaux[16]. L'un dans l'autre, le drapeau de l'industrie française est plutôt en berne. Sa stratégie perdante laisse sur le carreau nombre de travailleurs, ainsi que des infrastructures abandonnées que les communes ne savent plus comment entretenir. Les friches industrielles forment alors de muettes béances dans les territoires ruraux et urbains, et beaucoup quartiers se délabrent.

Sur les ruines des anciennes industries

Le désastre industriel n'a pas eu que des conséquences économiques, il a aussi entraîné le délitement des communautés sociales qui caractérisaient le monde laborieux. Il existait une vie en dehors de la mine ! Les associations locales, les syndicats, le parti communiste, les paroisses catholiques et protestantes, les jardins ouvriers, les sorties en famille, les vacances du Front populaire et les colonies qui réunissaient les enfants d'une même bande pour s'amuser le temps d'un été constituaient autant de ressorts permettant aux travailleurs de structurer une vie collective, une culture commune, une résistance générale, et un militantisme syndical et politique[17]. Ces structures étaient pour eux un moyen de tenir, de s'évader de la violence des mines, de trouver des parenthèses de bonheur dans une vie de rudesse et de sacrifices. Elles offraient à leurs membres des cocons protecteurs et rassurants, au sein desquels s'épanouissait une culture spécifique et appréciée des ouvriers. Le crépuscule industriel a grandement exacerbé leurs fragilités. Le parti communiste s'est écroulé, les syndicats ouvriers sont devenus minoritaires, et les associations issues de la culture populaire ont vu leur financement public fortement diminuer. L'orgueil ouvrier s'est effacé pour faire place à une condition subie. Oubliés de l'économie globale, oubliés des organisations sociales et politiques, les ouvriers ont collectivement perdu l'espoir d'une appartenance à un monde commun et à des territoires partagés.

Face à l'enclavement géographique des petits pays et à leur invisibilité dans les politiques publiques, ce sont des pans entiers de territoires ruraux qui sont maintenant plongés dans la subalternité[18]. L'abandon semble n'avoir plus de fin : nombre de petits commerces et d'artisans ferment leurs portes, les services publics ne deviennent plus qu'un souvenir, les derniers médecins partent à la retraite sans successeurs, et quand les écoles ne sont pas déjà closes, elles sont en sursis[19]. Sombre présage qu'une cour d'école où les rires des enfants se sont éteints. Plus de magie dans la plupart des territoires ruraux, mais l'angoisse d'un système à deux vitesses, dans lequel les non-urbains sont exclus des dynamiques inhérentes au progrès. L'habité moderne semble se faire ailleurs. Les villages n'ont plus droit de cité. Privés de leur profondeur anthropologique, de leur diversité paysagère, ils sont sans cesse arrachés à leurs substrats historique et géographique, soustraits à ce qu'ils ont pourtant à offrir au monde. En dehors des petits villages labellisés et muséifiés, la France aux mille territoires donne l'impression de pâlir et tous ses contrastes d'être ensevelis sous un implacable flot de boue et de pierres.

La guerre des territoires

L'oubli des territoires aurait cependant pu être perçu et corrigé. La situation actuelle n'est, en effet, que le point d'orgue d'une longue histoire qui, en France, s'est matérialisée par toute une série d'arbitrages politiques. Dès l'exode rural qui a caractérisé les premières décennies de l'épopée industrielle, ces arbitrages visant à préserver la diversité des territoires ont montré des limites patentes. Si l'histoire des politiques publiques et des influences territoriales est complexe, une schématisation à travers la succession de trois grandes idéologies permet de mieux comprendre les constructions qui ont contribué à façonner le visage de nos régions. Ces idéologies, bien qu'elles correspondent à des époques différentes, ont actuellement tendance à se chevaucher, à des degrés divers en fonction des territoires, marquant d'autant plus l'accumulation des richesses dans certains lieux et, a contrario, la précarité dans d'autres[20]. Infusant depuis plusieurs décennies dans les régions françaises, mais aussi, plus généralement, dans les territoires occidentaux et, plus récemment, dans certains territoires du Sud, comme nous le verrons dans le chapitre suivant, ces politiques inclinent à verrouiller les trajectoires de développement. Difficiles à réorienter vers des économies plus diversifiées et solidaires, les paradigmes du développement territorial en France ont fait émerger un système de développement des espaces qui fait de la compétitivité des territoires le moteur des arbitrages sociaux et politiques. S'y manifestent alors de nouvelles injustices spatiales et une standardisation des paysages.

Une spécialisation encombrante

La première idéologie a commencé à poindre dans la pensée de certains économistes à la fin du XVIIIe siècle et au début du XIXe siècle. Appelé *théorie des avantages comparatifs* par quelques-uns d'entre eux, ce paradigme invitait les pays à développer des filières basées sur leurs atouts géographiques et culturels intrinsèques. En faisant commerce de produits dont ils sont les seuls architectes, un pays ou une région s'assurent un avantage sur les marchés et, de ce fait, une possibilité constante de nouer des liens commerciaux avec tout type d'acteur. Si l'objectif des premiers penseurs de cette théorie avait majoritairement pour intention d'œuvrer à une certaine horizontalité sur les marchés internationaux, entre des pays disposant de ressources différentes, celle-ci a rapidement imprégné les territoires occidentaux et s'est imposée à des échelles plus fines : les régions d'un même pays, alors appuyées par les politiques gouvernementales, ont également cherché à se spécialiser dans une filière d'excellence leur permettant de créer des structures d'emplois idoines. Tandis que certaines régions ont érigé un fleuron industriel sur des attributs paysagers, comme les stations balnéaires de La Grande-Motte et de Palavas-les-Flots qui parsèment les plages du Languedoc, d'autres ont vu des activités être parachutées par des décisions dont les stratégies étaient ourdies dans les bureaux des ministères parisiens. Le constructeur aéronautique Airbus s'est retrouvé à Toulouse, Lorient a été choisie pour abriter des infrastructures portuaires dédiées à l'exportation de matières agricoles, le Languedoc s'est spécialisé dans le vin et le tourisme balnéaire, et Cherbourg s'est inventée par l'activité sous-marine. En dotant les territoires d'une filière d'excellence, les politiques publiques cherchaient à offrir à chaque région une opportunité de dérouler une trajectoire d'essor économique spécifique. Implacable sur le papier, la théorie des avantages comparatifs a su générer des filières innovantes et imposer la commercialisation internationale de nombreux produits culturels. Néanmoins, ces filières se confrontent aujourd'hui à quantité de limites. Tout d'abord, pratiquer les avantages comparatifs demande nécessairement aux régions de se sur-spécialiser dans un secteur. Or, la monofonctionnalité d'un tissu économique et social crée une sérieuse dépendance qui renforce la fragilité des territoires. Comme nous l'avons vu au travers du cas des Cévennes, tout peut s'effondrer à la moindre crise. Également, de telles démarches empêchent une réelle capacité de projection. Le monde est organique et, dans un autre genre, l'économie l'est tout autant. Les évolutions d'un secteur particulier procèdent de toute une série de facteurs qui dépassent largement la volonté de ses propres acteurs et, malheureusement, la théorie des avantages comparatifs n'a pas su prophétiser l'avenir. Car si chaque région peut s'enorgueillir d'un monopole, au fil du temps, certaines filières deviennent plus compétitives que d'autres. Airbus, par exemple, ainsi que tout l'écosystème universitaire et entrepreneurial apparenté, bénéficie d'une notoriété, d'une capacité de création de richesses, mais aussi d'une portée stratégique internationale supérieures à celles des stations balnéaires du Languedoc. Ainsi, par son attractivité économique, Toulouse est prédisposée à dominer la région Occitanie, au détriment de Montpellier qui peine à attirer des investisseurs. Paradoxalement, alors que les avantages comparatifs étaient motivés par une stratégie d'équilibre économique régional, ils se sont transformés au fil du temps en de profonds déséquilibres territoriaux. Et malgré l'échec visible de ces politiques économiques, les gouvernements persistent volontiers à étendre ces mêmes pratiques à l'échelle nationale. Dans une économie libérale toujours plus concurrentielle, chaque gouvernement cherche à asseoir sur les marchés internationaux des filières novatrices dont il aura la maîtrise et tiendra seul le gouvernail[21]. La France s'efforce ainsi d'exporter ses produits agricoles et manufacturiers, son bon vin et ses fromages de terroir. Elle s'applique de la même manière à valoriser les innovations de ses start-up du numérique aux quatre coins de la planète. La *French tech* est le nouveau fer-de-lance du pays, la nouvelle excuse d'un marché international à conquérir, où la France souhaite obtenir le poste de chef d'orchestre. À l'étranger, ces mêmes phénomènes structurent les économies marchandes des pays. L'Ukraine, dont les terres encore peu exploitées favorisent d'importants rendements, se spécialise dans le blé à bas prix. Le Portugal mise sur ses régions montagneuses du Nord et les alcools forts que leurs coteaux ensoleillés permettent de produire. Les Émirats arabes unis, à leur tour, rêvent d'une hégémonie culturelle et intellectuelle, en développant un tourisme de masse, des universités de renom et de luxueux musées. Mais là encore, de telles spécialisations entraînent des risques de long terme pour les populations des pays, sans omettre de graves déséquilibres environnementaux. La théorie des avantages comparatifs n'est pas uniquement soutenue par les puissances économiques occidentales et les princes des Émirats arabes unis. Les pays dits *du Sud* cherchent également à se faire une place dans l'économie-monde, par le biais de marchés spécifiques où la spécialisation dans certaines filières provoque aussi la destruction de nombreux équilibres sociaux et paysagers. Ainsi la Côte-d'Ivoire qui, profitant d'un climat chaud et humide, a investi des sommes considérables dans les filières du cacao et de l'hévéa. Si bien qu'à présent, la majorité des forêts ont été remplacées par des plantations rectilignes d'essences uniques, propulsant le pays au rang de premier exportateur mondial de cacao. Un boom économique s'en est suivi dans les années 1970. Qualifié de *miracle ivoirien* par le président Félix Houphouët-Boigny, la filière du cacao a permis l'émergence rapide d'une classe moyenne. Elle a également assuré d'innombrables emplois et fait d'Abidjan, déjà capitale économique du pays, une métropole incontournable de la sous-région africaine[22]. Mais toutes les réjouissances ont une fin, et la spécialisation de la Côte d'Ivoire occasionne maintenant d'éminents risques sociaux et environnementaux. Le cacao, transformé loin de chez eux, est inaccessible à la plupart des Ivoiriens. De surcroît, les champs de cacaoyers grignotent une portion excessive de l'espace nécessaire à la production de légumes et de céréales indispensables à l'alimentation quotidienne. En conséquence, le pays a du mal à concevoir une résilience agricole pertinente. Les terres dédiées au maraîchage et à la riziculture manquent : nombre de produits de base comme les tomates et le riz sont importés, ce qui fragilise la souveraineté alimentaire du pays, d'autant plus sensible aux aléas diplomatiques et économiques. Dans le but d'équilibrer sa balance commerciale, la Côte d'Ivoire taxe certains produits de base, ce qui les interdit aux familles les plus modestes. Par ailleurs, les monocultures propres aux filières du cacao et de l'hévéa ont brutalement déstructuré les paysages car, afin de pouvoir planter, le pays a défriché la quasi-totalité de ses forêts anciennes. Certes les cacaoyers sont des arbres et ils reforment des boisements au terme de leur croissance, mais la biodiversité et les fonctions paysagères de ces derniers sont considérablement amoindries en comparaison du massif végétal originel. En outre, la perte des forêts ivoiriennes n'est pas sans incidence sur le climat, et exerce une influence significative sur les événements météorologiques dont est victime le pays. Dans les régions du Nord, les pluies commencent à se faire rares et Abidjan, véritable fourmilière humaine, est privée de ses proches forêts, avec pour effet de dégager un air pollué difficilement respirable. Enfin, triste symbole, le pays a perdu ce qui définissait sa première richesse et lui a donné son nom : les éléphants. Eux qui avaient fait de cette terre africaine une communauté et une patrie ont été décimés. Les familles survivantes sont parties sur les pistes de l'exil, quelque part plus au nord, entre les savanes du Burkina Faso et les forêts protégées du Nord du Ghana.

David contre Goliath

Plus récemment, deux autres idéologies territoriales ont vu le jour en France et structurent profondément les principes des décisions gouvernementales. À partir des années 1990, le pays a opéré un virage vers le développement de grands centres multifonctionnels, couplant ressources intellectuelles et innovation dans des filières industrielles d'avenir : les pôles de compétitivité. En agglomérant dans des espaces communs, des centres universitaires, des pépinières d'entreprises, des bureaux d'études et des filières jugées stratégiques ainsi que, dans certains lieux, des services décentralisés de l'État, ces pôles ont pour ambition de catalyser l'innovation par des liens renouvelés entre recherche et entrepreneuriat, entre filières industrielles et orientations politiques[23]. Au nord de l'Essonne, le plateau de Saclay est le pôle de compétitivité sur lequel se posent aujourd'hui le plus de regards. Les grandes écoles françaises quittent les quartiers parisiens pour y emménager. Elles rejoignent ainsi, déjà bien implantées sur place, une multitude de petites entreprises connectées à l'univers du numérique et quelques grandes multinationales comme Nokia, un géant des télécommunications, Horiba, le titan japonais de l'industrie optique, ou encore l'un des laboratoires de recherche et d'innovation de la société Électricité de France, en charge d'étudier les filières énergétiques et d'enrôler les talents de demain. Saclay aurait aussi pu devenir un grenier maraîcher alimentant l'agglomération parisienne en fruits et en légumes, une campagne préservée tel un mur infranchissable endiguant avec force l'urbanisation. Les sols y sont de qualité, et la grandeur des espaces laissait présager des scénarios agricoles pertinents. Le plateau est finalement en train devenir une réplique de la Silicon Valley. La Californie est un rêve et, partout dans le monde, les pays tentent de rattraper le train parti sans eux. Une troisième idéologie a néanmoins vu le jour au tournant des années 1980 pour finir de s'imposer complètement au cours de la première décennie des années 2000. Au lieu de substituer des pôles de compétitivité à d'autres, elle les superpose, intensifiant d'autant les dynamiques de concentration de la création des richesses intellectuelles et économiques. En s'inspirant du modèle administratif des Länder allemands, certains pays occidentaux cherchent désormais à décentraliser vers leurs régions un nombre important de compétences susceptibles de peser sur l'économie-monde. La loi NOTRe, du gouvernement de François Hollande, a entériné ce processus de décentralisation en redessinant le paysage administratif français au moyen de dix-huit grandes régions calibrées pour devenir des actrices majeures des marchés nationaux, leurs grandes villes étant chargées d'en assurer le rayonnement[24]. Les métropoles régionales étaient déjà puissantes, mais les récentes décisions politiques ont parachevé leur adoubement. Attractives et polarisant les pouvoirs intellectuel et administratif, elles sont devenues des espaces incontournables. Dès la fin de la Seconde Guerre mondiale, elles avaient déjà pu miser rapidement sur le déploiement de nombreux services locaux comme les hôpitaux, les préfectures, les services d'aide à l'emploi, l'enseignement supérieur et les centres culturels. Elles ont également profité de la présence de leurs universités pour développer des centres de recherche et d'innovation leur permettant de se placer sur l'échiquier international, mais également d'attirer les étudiants et les jeunes cadres désireux de faire leurs preuves. À partir des années 2000, ces mêmes communes ont dégagé le budget nécessaire pour investir au plus vite dans des hubs économiques, une desserte en transports performante, et la valorisation touristique de leurs monuments et proches campagnes. Curieusement, si les récentes politiques de décentralisation cherchaient effectivement à promouvoir une certaine horizontalité territoriale, on observe que les compétences se regroupent de nouveau à l'échelle régionale, autour de *villes-royaumes*, ces métropoles qui, par leur potentiel attractif, tendent à phagocyter la diversité des modes de vie et des régions qu'elles administrent. Dans ses écrits, l'économiste Olivier Bouba-Olga a caractérisé ce modèle de développement territorial. Il nomme cette trajectoire comme relevant de la *CAME*[25], c'est-à-dire un aménagement des territoires agencé autour de la *Compétitivité*, de l'*Attraction*, de la *Métropolisation* et de l'*Excellence*. Cette volonté de mettre en compétition les territoires entre eux fait néanmoins apparaître de dangereuses défaillances. À l'intérieur même des métropoles, certains quartiers deviennent fortement exclusifs. Séduisants, connectés, rattrapés par les schèmes de l'économie libérale, ces quartiers se gentrifient[26] : les logements deviennent inaccessibles à l'immense majorité de la population ; les boutiques se spécialisent dans un commerce haut de gamme, transformant localement le pouvoir d'achat en un processus élitiste et sélectif ; les artistes s'approprient les espaces, ce qui les rend d'autant plus attirants et appuie l'augmentation du coût de la vie. Certes, ces quartiers constituent d'agréables lieux de visite. Ils sont des vitrines plaisantes pour les touristes venus passer un week-end dans une ville inconnue. Et, quelque part, ils soulignent l'essence de la ville, son architecture spécifique, la couleur unique de ses murs... Mais la gentrification à l'œuvre se paie au prix fort et contraint les classes moyennes et populaires à s'orienter vers la ceinture périurbaine, lorsque le niveau de vie des familles permet d'investir dans de coûteux trajets entre domicile et travail. À défaut, elles s'aiguillent vers des quartiers populaires, situés justement entre ceux des centres-villes et les zones périurbaines. Entre gentrification, périurbanisation et relégation, les grandes métropoles s'articulent selon *trois vitesses*, pour reprendre la démonstration du sociologue de l'urbain Jacques Donzelot[27]. L'espace métropolitain est un théâtre, dans la pluralité de ses formes peuvent se lire les inégalités de classe, les différents systèmes d'appartenance et la couleur des canapés de ceux qui vivent pour et par la domination. Pour beaucoup, le cœur de la ville, là où tout se passe, est devenu un rêve hors d'atteinte, géographiquement proche mais socialement très loin.

Toutes les mêmes

L'émergence des inégalités sociales et spatiales n'est pas le seul écueil du modèle métropolitain. Moins visible est un autre processus, que nous estimons encore plus dangereux pour l'humanité, à savoir l'uniformisation des manières de concevoir, d'aménager et de vivre les territoires. Car, en analysant à l'échelle macro-économique les schémas du fonctionnement métropolitain, nous nous sommes rendu compte à quel point les mêmes structures sociales et économiques se répètent de métropole en métropole : les universités de chaque ville proposent des formations similaires et les centres-villes sont aménagés pour recevoir spectacles et événements, qu'il s'agisse des Machines de l'île à Nantes, de la fête des Lumières à Lyon, des marchés de Noël à Strasbourg, de la braderie de Lille, du Festival international du film d'animation d'Annecy, du Festival d'Avignon, dédié au théâtre, etc. Si chaque manifestation est parée d'une spécificité, toutes répondent au même objectif de conférer à chaque métropole une exceptionnelle notoriété culturelle, afin de décupler sa puissance d'attraction touristique et économique[28]. Dans ses travaux, le géographe Samuel Depraz rappelle que chaque métropole cherche également à investir en permanence dans des pépinières d'entreprises, la plupart s'orientant vers les filières du numérique, afin d'impulser les emplois sur son territoire, mais aussi de réaliser le rêve caché d'être la première ville qui saura créer les *licornes* de demain[29]. Les licornes, ce sont ces fameuses entreprises, à l'image de Facebook ou de Google, qui savent réunir des millions d'adeptes à travers le monde, élever unc influcncc plus importante encore que celles des grands romanciers, et façonner l'histoire à coups d'algorithmes et de hashtags. Partout donc pointent les mêmes filières entrepreneuriales, les mêmes universités, les mêmes événements socioculturels, les mêmes flux financiers mondialisés, les mêmes cadres supérieurs et les mêmes récits urbains. Prendre conscience de l'uniformité subreptice qui rayonne des grands centres urbains rend les visites métropolitaines moroses et amères. Les grandes villes européennes nous semblent aujourd'hui n'être que le miroir les unes des autres, rien ne ressemble davantage à une métropole occidentale qu'une autre métropole occidentale.

L'uniformisation ne s'arrête malheureusement pas leurs frontières. Au-delà de leurs murs, les grandes métropoles inclinent également à la violence, en confisquant le futur des villes petites et moyennes qui ont du mal à suivre la course à l'innovation et à l'attractivité. Le journaliste d'investigation Olivier Razemon a conduit une enquête dans plusieurs villes françaises petites et moyennes. Selon lui, partout sévissent les mêmes maux : rues commerçantes aux stores baissés et baux à céder, parcs urbains en mal d'entretien, services réduits au minimum, déplacements nécessairement en voiture et limitant l'appropriation d'un espace public qui manque alors de vie, de monde… Le journaliste accuse la France *de tuer ses villes*[30], car à force de se focaliser sur les métropoles, les villes petites et moyennes sont devenues les grandes invisibles des politiques territoriales mises en place par les gouvernements. Il arrive parfois que l'un d'eux concrétise quelque action et libère des subventions visant à les aider à renouer avec un tissu social et économique dynamique, mais là encore, les solutions semblent contenir en elles les germes de l'uniformisation, car elles sont le plus souvent destinées à appuyer des projets qui répondent aux mêmes indicateurs de développement que ceux des métropoles. Si l'envie de métropole peut se comprendre, les investissements en ce sens demandent aux pouvoirs locaux de catégoriser l'action publique et de la hiérarchiser au travers d'un gradient de priorités[31]. Viennent alors au premier plan les dynamiques d'embellissement des territoires, les avantages fiscaux aux entreprises qui veulent s'installer, l'appui financier aux boutiques de niche, ou encore le déploiement de pépinières d'entreprises gageant semblablement sur les innovations numériques. Les budgets publics n'étant pas extensibles, surtout dans des villes empêtrées depuis des décennies dans d'importants déficits, les pouvoirs locaux allouent l'essentiel de leurs investissements à des projets cherchant à attirer des personnes absentes du territoire et qui, potentiellement, n'y seraient jamais venues[32]. Par ailleurs, les lourds engagements financiers de certaines villes moyennes dans des filières d'attractivité se sont soldés par des échecs. En dépit des politiques incitatives à Alès, Roubaix, Charleville-Mézières, ou au Creusot comme dans bien d'autres communes, les classes supérieures tant convoitées, jugées plus créatives, ne sont pas venues. En revanche, la dette publique s'est creusée, réduisant pour longtemps les marges de manœuvre des pouvoirs publics. Restent alors sur le bas-côté les populations locales, anciennement ouvrières, pourtant majoritaires et présentes depuis toujours. D'autre part, bien que les catégories socio-professionnelles supérieures puissent servir de levier pour redistribuer les richesses, il est rare que cela stimule des dynamiques d'investissements réelles dans la commune. Le politologue Max Rousseau s'est intéressé à la façon dont les villes postindustrielles cherchent à attirer de nouveau les personnes à fort capital social et intellectuel[33]. Saint-Étienne en est un exemple : ville moyenne, jadis spécialisée dans l'extraction du charbon, elle a subi de plein fouet la désindustrialisation de la France et se bat aujourd'hui dans l'ombre de la métropole lyonnaise. Labellisée « Ville créative pour le design » par l'Unesco, elle a parié sur cette discipline artistique et néanmoins commerciale pour redorer son blason et gagner un rayonnement national, voire international. Les écrits du chercheur mettent en avant le risque que courent les communes en investissant uniquement sur l'attrait des populations créatives. Il a observé qu'une grande partie des capitaux financiers des nouveaux venus s'échappent de la commune par des pratiques habitantes qui dépassent les simples frontières urbaines : en passant des week-ends à la mer l'été, des séjours à la montagne l'hiver, en s'adonnant à des flâneries léchées dans les galeries d'art des métropoles avoisinantes en mesure d'offrir des commerces et des services plus diversifiés, l'argent des plus riches prend des chemins territoriaux pluriels et poreux[34]. L'un dans l'autre, la chasse aux classes créatives peut revenir comme un boomerang, en renforçant la puissance des métropoles alentour et les inégalités territoriales.

Une autre voie est pourtant possible, en misant sur l'inventivité des populations locales et de celles qui rêvent d'une vie en dehors des grandes villes. Car les villes petites et moyennes sont loin de n'avoir que des défauts. Leur taille modeste facilite la rencontre, elles ne sont jamais loin de la campagne et de la nature, et des rapports sociaux pacifiés y prévalent[35]. Dans les villes moyennes comme dans les villages à la ronde, une vie est à portée de main, dans laquelle le temps et le sens ont conservé leur importance, y compris pour les populations à faibles ressources. Au cours de nos travaux, nous avons pu rencontrer nombre de ces personnes résidentes des quartiers HLM des villes moyennes françaises, des anciens quartiers de mineurs ou encore de vieilles fermes en périphérie des villages d'autrefois. À chaque reprise, nous avons été surpris de voir à quel point ces personnes sont gardiennes de connaissances et d'envies pour leurs territoires. Certes, d'aucunes ont traversé des difficultés, vu leurs espoirs balayés, connu la précarité et la pauvreté, mais ce sont aussi des personnes qui, malgré les processus d'exclusion dont elles ont été victimes, savent parler de leurs quartiers aussi pertinemment qu'un livre d'histoire, et évoquent avec conviction les mœurs de la vie publique d'hier et celles qu'elles souhaitent pour demain. Vivre en marge permet quelquefois d'observer avec recul ce qui se joue, et d'y puiser les arguments de légitimes revendications. Alors que les actions économiques, sociales et écologiques à leur égard restent en général d'ordre symbolique, nous avons la certitude que ces populations peuvent en partie guider les villes et les villages vers un réel renouveau territorial[36]. Un renouveau culturel et naturel diversifié, fondé sur la singularité de chaque lieu pour mieux irriguer des mondes empreints de joie, de cosmopolitisme et de partage.

L'urbanisation des esprits

La gourmandise de l'urbain ne s'arrête pas aux espaces. Plus discrète et bien plus performative, une autre révolution urbaine s'immisce dans les coins les plus retranchés de nos manières d'être et de penser. Elle pénètre au plus profond des imaginaires et sait franchir les portes closes de nos intimités[37]. La ville et sa magnificence ont fait advenir une société totale, qui urbanise nos esprits autant que les paysages. Dans les années 1960, l'urbaniste et géographe Henri Lefebvre fut le premier à montrer du doigt l'évolution irréversible dans laquelle l'urbanisme entraîne les sociétés. Pour lui, l'urbanisme ne désigne pas un objet défini – comme une ville ou un quartier par exemple – mais bien une façon de concevoir la vie en communauté, de se projeter dans l'avenir et, par un système de miroir, de définir les espaces et les trajectoires qui s'opposent à la ville[38]. De telle sorte que si nous constatons actuellement un appétit vorace des citadins pour les espaces en dehors des grandes métropoles, nous remarquons aussi que cet appétit ne traduit pas nécessairement la volonté d'un retour à la terre renouant avec les structures paysannes et la singularité d'un milieu. Il s'agit davantage d'un départ souhaité des populations citadines vers des espaces qui répondent à un imaginaire et dont la séduction éclot en ville. Par conséquent, les fonctions et les symboles des espaces non-métropolitains évoluent ; ils ont tendance à devenir une arrière-cour, un terrain de jeux aéré et apprécié par des citadins qui accèdent ainsi à une nouvelle existence, sans pour autant sacrifier la plupart des codes de leur ancienne vie. Dans les pratiques, les récits et les modes de penser le vivre-ensemble, les villes et les campagnes se combinent au point d'estomper complètement les frontières qui caractérisaient pourtant une substantielle diversité territoriale.

Une vieille tradition

Si l'époque industrielle a marqué un réel tournant dans la manière de se représenter les villes et les campagnes, projeter des attributs urbains sur les espaces ruraux est une démarche de longue date. Le philosophe et géographe Augustin Berque, qui a travaillé sur les mythes fondateurs des espaces ruraux au Japon, en Chine et en France, démontre que depuis des millénaires, les territoires agraires ont été définis au travers des codes de la pensée urbaine. Émergent alors des concepts comme la *campagne*, la *nature*, la *forêt*, les *champs*, qui s'échafaudent non sur ce qu'ils sont, mais sur les dimensions paysagères, emblématiques ou fonctionnelles que les citadins leur octroient[39]. Car, contrairement à la ville, la campagne se distingue par un horizon ouvert, ponctué d'espaces bucoliques où il fait bon se ressourcer. Penseur inspirant ayant construit sa vie autour d'un lien d'équilibre avec une région aimée, l'Ardèche, Pierre Rabhi a également livré les explications de son retour à la terre. Pour l'essayiste écologiste, la ville est un univers fermé, où les clés, les serrures, les boîtes, les codes d'entrée et les caméras de surveillance dominent l'espace et circonscrivent le bonheur ; il considère que le Massif central est une échappatoire qui lui donne l'occasion de reprendre la main sur sa vie et ses projets personnels ; il affirme que c'est la relation à la nature qui traduit une capacité renouvelée à s'émanciper et à tisser de nouvelles solidarités avec le vivant[40].

Les écrits de Pierre Rabhi renouent avec une tradition ancestrale consistant à associer campagne et liberté retrouvée, une liberté que la ville n'est plus en mesure d'accorder. Nombreuses sont, en effet, les cultures dans lesquelles s'exprime cette posture métaphorique. En Asie orientale, par exemple, à l'époque médiévale, les poètes, les écrivains et les penseurs de la cour aimaient se retirer dans des régions reculées[41]. Ils profitaient de ces moments loin du tumulte citadin pour écrire, réfléchir et orienter leurs décisions prospectives. Ils tiraient également parti de leur séjour pour décrire les paysages sauvages où s'égaraient leurs regards et leurs pensées. Savaient-ils que leurs écrits allaient constituer les fondations d'un imaginaire caractéristique des mondes contemporains ?

Car c'est bien dans ces premiers poèmes et nouvelles des lettrés chinois que les campagnes apparaissent comme des lieux d'enchantement, de beauté et de bonté. En outre, elles sont définies comme des retraites où échapper aux responsabilités mondaines, où s'affranchir un temps de la ville et de ses pressions inhérentes. Les campagnes sont certainement des ponts vers des mondes nouveaux, mais elles sont également des forteresses protégeant qui veut des dangers du monde connu. À cette époque, partir à la campagne revenait à s'exiler, une durée donnée, d'un milieu urbain dont l'étau contient la force des corps et des esprits. C'est à cette période que les poètes chinois forgèrent l'idée de paysage comme construction d'un territoire susceptible de porter des valeurs appréciées des sociétés d'alors. Le poète Tao Yuanming, qui vécut entre le IVe et le Ve siècle apr. J.-C., et que cite régulièrement le géographe Augustin Berque, met en scène dans sa prose la campagne comme le terreau structurant d'un retour à des valeurs authentiques[42]. Il utilise pour cela la plaisante allégorie d'une *cabane tressée* dans une nature vierge. Tao Yuanming définit cette cabane comme un lieu de négociation et de dialogue entre un soi intérieur et le monde qui s'étend au-delà. La cabane illustre l'étroitesse d'esprit des humains, en opposition à la nature alentour figurant l'immensité d'une vérité qui reste à acquérir. La porte de la cabane constitue la passerelle entre ces deux mondes. Mais une cabane dans l'immensité de la nature rappelle aussi la fragilité des humains et la nécessité pour les sociétés, selon l'auteur, de cultiver des liens d'équilibre avec leur environnement. Le poète Tao Yuanming était sûrement l'un des précurseurs d'une écologie qui n'avait pas encore dit son nom. Bien plus tard, l'image de la cabane inspirera diverses idéologies modernes. Dans la Chine contemporaine, la cabane et l'art des jardins nourrissent l'esthétique et les ambitions architecturales des territoires. Au Japon, la maison de thé, avec son jardin zen attenant, symbolise l'habitat des montagnes et autres territoires de l'archipel nippon. Ce sont ces mêmes codes paysagers que met en avant l'industrie touristique japonaise pour valoriser l'arrière-pays des îles. Les voyageurs européens de la Renaissance, émerveillés par l'art des jardins orientaux, se sont d'ailleurs inspirés des styles chinois et japonais pour imaginer les premières lignes d'un mouvement artistique qui bientôt marquera l'histoire : le romantisme. Ce courant butina moult formes et couleurs dans les jardins chinois, dont les asymétries oniriques permettaient, de l'avis des artistes, de ressentir plus profondément la complexité du vivant et les influences de la nature. Plus tard encore, l'étalement périurbain des sociétés occidentales fut lui-même alimenté par une vocation jardinière. Un pavillon isolé dans une petite commune traduit, selon Augustin Berque, la propension à jouir d'une proximité avec la nature, tout en cultivant l'anonymat cher au mode de vie urbain. Ainsi pensé, le domaine périurbain renoue avec l'inclination des poètes chinois et japonais qui cherchaient dans les coins reculés une solitude méditative. Le périurbain est donc caractéristique d'une société citadine en mal de nature qui appète, hors des frontières de la ville, un voisinage avec des espaces agricoles ou sauvages, sans remettre en cause les codes de vie en collectivité intrinsèques à l'urbain. Ici se situe peut-être l'un des paradoxes les plus importants des territoires périurbains : ils distinguent un espace hybride géographiquement apparenté à d'anciennes terres rurales, mais qui reste, dans les pratiques sociales, un lieu vécu pour et par l'urbain.

Un imaginaire volé

L'hégémonie urbaine ne se cantonne pas au domaine artistique, elle est également présente dans les autres institutions intellectuelles. En tant que jeunes chercheurs, nous sommes invités à participer à des colloques scientifiques et à des séminaires dans les différentes régions françaises. Et, alors que nous travaillons sur la diversité des territoires, nous sommes régulièrement appelés dans les grandes universités implantées à Montpellier, Lille, Strasbourg, Paris ou encore Lyon, mais jamais à Alès, Roubaix, Dieppe, Saint-Affrique, Morlaix ou Gap. Pourtant notre cœur balance pour ces dernières, qui ont en partie fait le lit de nos réflexions. Alors que nous produisons des connaissances scientifiques basées sur les territoires ruraux et les villes petites et moyennes, les institutions ne remettent jamais nos travaux de recherche aux territoires qui les ont suscités. Le savoir scientifique, à son tour, est captif des réseaux intellectuels urbains qui biaisent la pensée commune. Étrangement, les jeunes chercheurs que nous sommes deviennent les matons de ces nouvelles prisons. Alors que nos corps et notre pensée appartiennent en partie à la ruralité, la centralisation des activités intellectuelles et universitaires nous oblige à vivre dans la ville, par la ville, et à dédier bien malgré nous à sa suprématie la plupart de nos activités personnelles et professionnelles. Partir loin reste bien sûr une possibilité, mais cela reviendrait à sacrifier une portion des opportunités de poursuivre nos recherches, nos enseignements et nos engagements. Cette constatation élémentaire met en évidence un douloureux cercle vicieux : nous sommes les bourreaux d'un monde que nous souhaitons pourtant défendre et valoriser corps et âme.

Bien sûr, les penseurs urbains savent eux aussi décrire avec pertinence les caractéristiques propres aux espaces ruraux. Les campagnes sont multiples, et la subjectivité des penseurs urbains sur ces milieux traduit des perceptions et des émotions qui expliquent partiellement ce qu'expérimentent quotidiennement nos sociétés. Ces considérations mériteraient cependant d'être complétées par une définition des territoires ruraux fabriqués pour et par leurs habitants. Car les écrits existants sur le sujet ont tendance à idéaliser les territoires ruraux, à mettre systématiquement en relief les sentiments d'apaisement et d'harmonie que propagent supposément les campagnes. Or, ces écrits prennent le risque de rendre indiscernable et d'anéantir, au moins sur le papier, la pluralité des façons de vivre et de penser des territoires ruraux, que ce soit sous l'angle des richesses immatérielles qu'ils ont à offrir au monde ou dans les rapports de force et les difficultés qu'ils affrontent. De plus, l'exaltation des campagnes tend, par contradiction, à reléguer les actions qui émanent d'elles au rang d'une sous-culture peu valorisée dans la société. En témoignent de nombreux imaginaires, notamment dans l'art, où les processus de création empruntent le plus souvent aux rythmes et aux récits de l'urbain, comme on l'observe au cinéma et dans les librairies, où les propositions aux spectateurs et aux lecteurs, y compris les petites productions d'auteurs, ne dérogent pas. La France demeurant quoi qu'il en soit un pays centralisé, la production artistique y reste très majoritairement bornée aux frontières de sa capitale. Et quand, de temps à autre, une œuvre prend la clé des champs, elle obéit volontiers aux mêmes convenances, celles d'une campagne perçue et vécue depuis la ville. Il existe pourtant quelques livres riches d'enseignements sur la ruralité. Les récits de l'écrivain Jean Anglade prennent pour décor les chemins pierreux des volcans d'Auvergne, donnant à voir les conventions communautaires tacites et les amitiés qui s'épanouissent dans les villages des puys. Il existe également des publications anthropologiques permettant de comprendre en détail l'intimité de la vie rurale. Raconté avec précision, charpenté comme un roman et reposant sur des méthodes scientifiques, *Le Cheval d'orgueil*, de Pierre-Jakez Hélias, décrit avec tendresse la vie du pays bigouden[43], et *Toinou, le cri d'un enfant auvergnat*, d'Antoine Sylvère, raconte avec une émouvante poésie la transmission d'un savoir séculaire d'un grand père à son petit-fils[44]. Bien que tous deux soient de très grands livres, leurs auteurs n'ont pas connu les mêmes ovations que de leurs confrères urbains. Nulle récompense littéraire ne les a distingués et ils n'ont bénéficié que de rares retours critiques, pour la majorité réduits à louer un témoignage agricole, alors que la volonté de ces écrivains était de dire toute la complexité de la vie rurale par-delà les seules structures paysannes[45]. En acceptant que l'emprise urbaine s'immisce dans tous les secteurs d'activités, nous participons de bien des manières à uniformiser le monde, en marginalisant les pensées d'ailleurs et en excluant la pensée rurale. Privés de parole, de lieu d'expression et de visibilité, les habitants des campagnes voient leur vie sans cesse déformée par ceux qui la relatent à leur place. Sous couvert d'apparentes écoute et considération, ce sont effectivement les citadins qui formulent ce qu'ils croient être la parole des campagnes.

Des prisons de béton et d'acier

Peut-être sommes-nous trop durs dans notre analyse. Peut-être les citadins qui prennent la route des campagnes établissent-ils la première étape d'un véritable retour à la diversité des territoires. Nous le reconnaissons, ils ont le mérite d'essayer. Beaucoup sont ceux qui songent quotidiennement à ces terres dépaysantes mais pas si lointaines, sans jamais oser quitter la vie urbaine. Nous sommes de ceux-là. Nous participons d'une société incapable de laisser à chacun la possibilité de vivre justement et librement, dans un territoire aimé et choisi. L'urbain est omniprésent, omnipotent… Michel Foucault le disait déjà, il y a quelques décennies, le progrès conditionne la manière dont nous pensons notre propre personne et mouvons nos propres corps[46]. Évoluer en société invite à gérer nos caractères et nos personnalités en intériorisant nos aptitudes, nos talents, notre éducation et nos relations à autrui par un gradient de qualités et de défauts. Telle une entreprise, les individus sont engagés à l'application de toute une série de stratégies, afin de composer avec le milieu qui les entoure et de s'adapter aux concurrences exogènes. Chaque personne devient un entrepreneur, dont le corps est le premier siège de ses négociations avec l'extérieur. Son positionnement dans des espaces opportuns devient alors une nécessité pour fertiliser son champ de possibles. Dans l'imaginaire collectif, les grandes villes constituent les seuls faux-fuyants envisageables, où enfin l'émancipation peut se structurer. Pourtant, la grande ville violente les corps. Elle les étouffe, les pollue et les oppresse. Elle les dématérialise ! Toutefois, nous acceptons cette violence, muets et sans autre choix que de suivre la marche forcée des changements de la société. L'ailleurs d'une vie aux matins qui chantent, une vie sans métro, sans anonymat, sans horloge, devient dès lors un fantasme, un horizon indépassable. Serons-nous un jour capables de briser ces chaînes ? Serons-nous un jour capables d'élever nos rêves ? Serons-nous un jour en mesure de vivre enfin en congruence avec nous-mêmes ? Peut-être, car nul doute que nous aspirons profondément à libérer nos corps et nos esprits de la tyrannie de la ville. En attendant, nous sommes involontairement mais docilement en train de devenir les appendices d'un monstre urbain qui semble n'être qu'à l'aube de son déploiement.

Les tentacules de l'Occident

Il y a dans l'esprit de nombreux jeunes gens le sentiment partagé d'avoir grandi dans un monde où il est difficile de faire sa place. Nous étions de ceux-là et, au fil du temps, vivre en décalage permanent est devenu inconfortable, voire insoutenable. C'est pourquoi, très vite, nous avons eu envie de partir. Quelque chose nous poussait à essayer de trouver autre part ce qui semblait manquer ici. Dès que l'occasion s'est présentée, nous avons préparé nos valises et bondi vers l'inconnu. Sur les chemins de l'Atlas marocain, au cœur des forêts boréales du Canada, dans les villages aborigènes d'Australie et, plus récemment, au sein de complexes communautés africaines, nous avons eu l'opportunité d'arpenter et de contempler des paysages magnifiques, de découvrir des cultures charismatiques, de partager les mots et les regards de peuples dont la rencontre est inoubliable. Nous avons aussi été témoins des atrocités qui ensanglantent des territoires et des ténèbres qui engloutissent certaines populations. Nous avons pareillement vu les exacerbations du capitalisme, ce système qui fait du vivant une somme de produits commercialisables. Nous l'avons vu étendre son emprise dans tous les endroits du monde que nous avons visités, amenant avec lui des lots d'espoirs et de modernité, mais aussi de craintes et de préjudices. Nous n'avons pas trouvé le paradis donc, mais de la complexité des sociétés dont nous avons fait la connaissance, de ces formidables expériences de vie, nous avons tiré des enseignements profus et intangibles, alliés à un regard nourri sur ce qui motive aujourd'hui l'évolution du monde. De retour à la maison, quelques années plus tard, nous avons mieux compris l'inconfort de nos premiers pas d'adultes dans la société. Le capitalisme accable les territoires de ses dogmes et de ses croyances, empêchant nombre d'individus d'agir et de penser librement. Beaucoup des peuples rencontrés voyaient leurs valeurs sociales et leurs espaces démis de leur singularité. Nous avons voyagé sans cesse accompagnés d'un sentiment empreint de tristesse et de nostalgie, car en quittant chaque lieu, chaque communauté, chaque personne, nous savions qu'ils ne feraient plus partie que de notre passé. Le temps de pouvoir y retourner, et nous retrouvions un visage changé, un paysage remodelé… Finalement, nous nous sommes confrontés à l'étranger aux mêmes démons que chez nous en Occident. Ici comme ailleurs, les espaces évoluent promptement et font vaciller les structures communautaires et paysagères façonnées par les peuples et réciproquement. Il est vrai, dans une certaine mesure, que le capitalisme a permis à de nombreuses sociétés de développer maintes innovations grâce auxquelles certains travaux sont plus faciles et le futur s'annonce moins éprouvant. Néanmoins, nous avons observé que dans les régions visitées, les changements importés ont tendance à être pilotés par un unique mot d'ordre, celui d'un rapport économique violent et incontrôlé, qui déblaye sans ménagement la voie de l'uniformisation et de l'aliénation. À divers titres, cette économie globalisée participe au nivellement du monde, et sécrète de nouvelles injustices sociales et environnementales, sacrifiant simultanément sur l'autel de la modernité une grande partie de ce qui devrait tous nous rassembler : l'altérité.

L'instrumentalisation de la pauvreté

L'anthropologue américano-colombien Arturo Escobar est l'un des analystes du développement les plus incisifs de son époque. Depuis son livre *Encountering Development, the Making and Unmaking of the Third World*, il est devenu l'un des fers-de-lance des penseurs proposant un nouvel altermondialisme[1]. Il glane, notamment dans l'étude des différentes dynamiques liées au « développement », des arguments pour comprendre l'oppression occidentale à l'œuvre. Il rappelle qu'en tant que discours, le développement a émergé à la fin de la Seconde Guerre mondiale. Bien qu'il s'enracine dans des processus historiques liés au capitalisme des grandes puissances industrielles européennes, et plus récemment au néolibéralisme, c'est bien dans la seconde moitié du XXe siècle qu'un corps professionnalisant d'experts, de conseillers et d'institutions financières a pénétré les pays du Sud pour bâtir et accompagner de nouvelles filières économiques et sociales. Selon Escobar, c'est durant cette période que le concept de tiers-monde s'est matérialisé.

Les pays du Sud étaient alors perçus comme des terres à conquérir, dont le « retard » économique, social et démocratique s'expliquait en partie par l'incapacité de leurs peuples à suivre les trajectoires industrielles européennes. La notion de développement correspondait simplement à l'orientation économique adoptée par les pays du Nord auxquels les autres pays étaient invités à se joindre à leur tour. Autrement dit, le développement a entériné les modèles sociaux et économiques propres à l'Occident comme seules balises d'un progrès viable et universel.

Partant de cette idée, il a rapidement fallu inciter les peuples du monde à rallier lesdits modèles et, afin d'accompagner les pays du Sud dans cette direction, les institutions occidentales ont fait appel à un large appareil institutionnel, de structures d'accompagnement en banques de développement en passant par des agences locales de planification, avec pour objectif de transformer un concept en une force sociale réelle, effective et transnationale. Des organismes tels que l'Agence française de développement, des centres de recherche agronomique comme l'ancien Jardin d'agronomie tropicale, dont les bâtiments sont toujours visibles dans le bois de Vincennes, en lisière de Nogent-sur-Marne, mais aussi nombre d'associations dites *de développement*, ont alors conçu (et conçoivent toujours) des standards bancaires, des subventions dirigées, des semences améliorées et des actions particulières destinées à proposer des solutions clés en main pour organiser la croissance économique et sociale des pays du Sud. Si ces pratiques procèdent quelquefois d'une bonne intention, elles restent paralysées par un discours universalisant qui néglige certaines réalités locales. Dans beaucoup de pays du Sud, encore étouffés par d'anciens processus coloniaux, empêtrés dans un dispositif administratif occidental que les premières indépendances n'ont pas suffi à éliminer, la notion de développement s'est offert un boulevard pour s'imposer chez des peuples dont la résistance s'était tue. Selon Arturo Escobar, la machination des trajectoires de développement a opéré grâce à deux mécanismes principaux : d'une part la professionnalisation des « problèmes du développement » auxquels les pays occidentaux prétendaient être les seuls à pouvoir répondre, en raison des connaissances qu'ils produisaient ; d'autre part l'institutionnalisation des processus de développement par l'expansion d'un immense réseau d'organisations de portage, s'étendant telle une toile d'araignée géante. Selon l'auteur, ce double mécanisme a eu pour effet pervers de mettre systématiquement en lien « *les connaissances et les pratiques, les formes du savoir et du pouvoir, dans le cadre de projets et d'interventions spécifiques*[2] ». Centralisé dans quelques agences phares des pays occidentaux et mis en œuvre selon des méthodes et actions élaborées dans le Nord pour le Sud, le développement a eu ainsi pour résultat de renforcer l'emprise des organisations qui lui étaient dévouées. Cet accroissement du pouvoir occidental, d'année en année, a permis de continuer à légitimer la nécessité de ces mêmes organisations de déployer des processus de développement économique vers les pays du Sud. Un cercle vicieux infini qui, aujourd'hui encore, évince les voix et les préoccupations de ceux qui auraient dû, bien au contraire, apporter les premiers éclairages et être les premiers bénéficiaires de ces politiques, en l'occurrence les populations locales[3].

En instrumentalisant la pauvreté à des fins de prééminence économique, ces formes de développement ont pour conséquence de consolider les mécanismes d'aliénation culturelle et la dépossession des héritages singuliers qui structurent chaque communauté. À l'heure actuelle, ce sentiment d'infériorité est intériorisé par les individus eux-mêmes, qui voient dans les images produites par l'Occident, une dérobade à la situation d'exclusion dans laquelle ils sont plongés. Ainsi, leurs pratiques se calquent sur un ailleurs rêvé, pourtant violent et cependant marketé par les instituts de développement comme le seul horizon d'une vie pleine et heureuse. La confiance rompue en des codes communautaires originaux pousse des mondes à s'écrouler complètement et, sur les ruines qui en composent désormais les cultures, peu de citoyens essayent de bâtir des projets. Comment le pourraient-ils lorsque la *Terre entière* les assigne à la pauvreté et les convainc de leur statut. Comme nous l'avons vu, la pauvreté n'a jamais été caractéristique des pays du Sud, elle réside d'ailleurs en un concept totalement fabriqué et importé, ainsi qu'en rend compte si justement le feu diplomate et ministre iranien Majid Rahnema. Dans un livre intitulé *Quand la misère chasse la pauvreté*, il analyse que, dans les sociétés antérieures à l'âge industriel, les familles vivaient de peu, mais aucune ne se considérait comme pauvre. Ce que l'on qualifie aujourd'hui de *pauvreté* est une invention de la civilisation occidentale, qui dérive du regard condescendant d'une culture sur une autre[4]. Une invention d'autant plus terrible qu'elle renvoie à l'invisible la complexité des codes collectifs qui articulent la vie des peuples. Les modèles de développement du système capitaliste ont laissé nombre de communautés du Sud pleines de larmes d'humiliation et de regrets. Penser *les sud* uniquement à travers le prisme de la pauvreté, c'est sacrifier l'immémoriale diversité des territoires à l'hégémonie occidentale. Une hégémonie fondée sur une magistrale imposture, qui consiste à prétendre que les modèles occidentaux ont vocation à être universels. La fin des colonies masque une autre forme de mainmise dont la violence est insoluble : la domination des idées occidentales sur la diversité des façons de vivre et de penser les sociétés.

Des singularités brisées

Pourtant, par la complexité et l'épaisseur historique qui conditionnent ses traits culturels et sociaux contemporains, chaque société détient des modalités de sagesse à offrir au monde. Les travaux d'Amadou Hampâté Bâ, penseur, théologien et historien des empires sahéliens, ont marqué l'histoire des idées africaines et sont à ce titre inspirants. Les indépendances ont constitué une rupture pour la majorité des pays africains et, pour reconstruire ces derniers sur les violences subies pendant la colonisation, l'Afrique a eu besoin de revisiter ses récits communs. Amadou Hampâté Bâ a passé sa vie à tenter de réunir et d'écrire ces récits. Des décennies durant, il est parti tendre l'oreille dans les villages, à l'écoute des contes traditionnels. De même, il a scruté les cartes des anciens empires africains. Et pour finir, il est allé prendre le pouls des grandes villes telles que Dakar, Bamako et Abidjan, qui déjà résonnaient comme des métropoles incontournables de l'économie-monde. Ces voyages ont permis à l'auteur de poursuivre sa quête d'une définition de l'être et de l'agir africain[5]. Mais le continent n'est pas un territoire monolithique, et un sentiment d'unité tel que celui qui empreint les nations européennes semble y demeurer un vœu pieux. Ses territoires sont habités par une multitude d'ethnies dont les récits, les mythologies et les rencontres sont tous singuliers, spécifiques, uniques. La colonisation a également apporté son lot de diversité, puisque les pays ont connu le joug d'empires différents : la France, l'Angleterre, l'Allemagne, le Portugal, la Belgique, les Pays-Bas ont, chacun à leur tour, laissé derrière eux des vestiges distincts qui imprègnent en permanence l'imaginaire des peuples africains. Enfin, l'histoire de l'Afrique se caractérise par autant de beauté que d'obscurité. Comme sur chaque continent se sont produits des événements catastrophiques. Mais de famines en guerres intestines, l'histoire africaine a su combiner ses trésors de nature et de culture, et trouver dans son essence des solutions pour franchir les obstacles de son chemin. Comment, dès lors, traduire dans la diversité *des Afriques* des modèles de pensée et d'action fédérateurs, originaux et adaptés aux mœurs du continent ? C'est justement de ces trésors de créativité que l'auteur extrayait de quoi formuler la singularité des peuples africains. Une pensée issue de son œuvre exprime, à notre sens, les espoirs qu'il plaçait dans les communautés africaines. Selon Amadou Hampâté Bâ, « *toute société donnée, dès l'instant où elle présente une unité dans le temps et dans l'espace, [est] basée sur un système cohérent de connaissances hérités de ses ancêtres [...], on peut dire qu'une telle société représente un type de civilisation qui lui est propre. Dans ce type de société, la "marche en avant" ne peut pas être tournée vers la conquête du monde extérieur, mais vers la recherche ou l'accomplissement d'un type d'homme parfait dont le modèle est l'ancêtre, le héros initiateur ou le chef de clan*[6] ». L'auteur fait, dans cette citation, référence à certains systèmes culturels traditionnels de l'Ouest africain où, dans les villages de nombreuses ethnies comme dans les couloirs des villes, les anciens et les anciennes étaient respectés pour leurs savoirs et leur expérience du monde. Leurs regards assistaient la sagesse. Dans les pratiques collectives, ils faisaient office de passeurs entre ceux qui avaient composé le territoire hier et les jeunes qui le marqueraient demain. De cette relation qui unissait les générations jaillissait un fort sentiment d'appartenance aux structures communautaires et d'attachement aux personnes qui les constituaient. La plupart du temps, on savait être solidaire en Afrique. Dans les rues, personne ou presque n'était sans domicile fixe et, en dehors des périodes de grandes pénuries, les familles veillaient à ce que nul ne meurt de faim. La nourriture toujours était partagée. Des plus riches aux plus pauvres, tous se protégeaient, et évitaient les processus d'isolement et de trop grandes inégalités entre eux. Si les propriétaires terriens, les héros de guerre et les commerçants prospères ont toujours été plus aisés que la plupart des habitants, l'essayiste Aminata Traoré rappelle qu'ils avaient également l'obligation de redistribuer une partie des terres et de l'argent. La vieillesse également faisait l'objet d'un accompagnement commun. Des personnes qui avaient fait grandir la communauté, il s'agissait de prendre soin jusqu'à leur dernier souffle. En terre africaine, la maison de retraite s'appelait *famille*. En terre africaine, l'infirmière s'appelait *sœur*, *cousine* ou *voisine*[7]. Par cette singularité, l'Afrique avait une voie à suivre, un destin à s'assurer. En entrant par effraction, le système capitaliste a faussé le jeu. Depuis lors, les communautés territoriales cherchent leurs repères, cherchent à réconcilier passé, présent et futur sur des terres que l'Occident continue pourtant d'assujettir. Hérauts d'un nouveau modèle de développement, les multinationales s'imposent alors dans des pays, où elles prônent le progrès et la nécessité d'apporter des ressources supplémentaires aux communautés reculées. Ces actions sont légitimées par des laïus qui stigmatisent volontiers les communautés dont les modes de vie sont différents du nôtre. Le capitalisme est une prédation, il détruit les discours pluriels pour faire place au sien et marginaliser ceux qui pensent autrement. L'Afrique, en particulier, est ordinairement décrite à l'aide d'adjectifs à connotation négative, renvoyant à la nécessité d'être aidée grâce aux recettes sociales et économiques propres à l'Occident : « l'Afrique la pauvre », « l'Afrique la surendettée », « l'Afrique l'énigme », « l'Afrique le boulet au pied de l'humanité », comme le rappelle encore l'essayiste Aminata Traoré[8]. Les réseaux de solidarité et de partage dont le continent peut s'enorgueillir ont certes subsisté, mais ils sont rattrapés et peu à peu engloutis par les flux internationaux, la compétition que fait prévaloir le système capitaliste, et la gourmandise des systèmes financiers et marchands. Ainsi l'Afrique perd-elle l'inestimable héritage qui caractérisait son habité[9].

Des codes communautaires comparables régissent également les sociétés d'autres continents. Ces codes résonnent dans les croyances collectives et les strates anthropologiques de chaque lieu, de chaque territoire et de chaque groupe. L'anthropologue Pierre Clastres, notamment, a porté de nombreux travaux soulignant la qualité des relations humaines au sein de certaines communautés amazoniennes. Dans les denses forêts du Paraguay, il a montré que chez les Indiens guayaki, le rôle des leaders n'est pas de prendre des décisions pour le clan, mais bien de tisser des relations profondes entre ses membres, afin que chacun puisse prendre part aux arbitrages concernant le commun[10]. Au-delà de l'organisation d'événements permettant d'échanger et de gouverner l'espace ensemble, les leaders guayaki sont régulièrement amenés à chanter, créant ainsi des ambiances sonores pendant les tâches quotidiennes des habitants. Cultivant l'ordre symbolique des choses, les paroles des chansons ruissellent de messages de cohésion sociale et ouvrent aux instructions laissées par les ancêtres. Elles ont aussi pour ambition d'apaiser tout un chacun, et de lui permettre d'acquérir un sentiment d'appartenance à la communauté et d'adhésion aux rythmes qui en cadencent la vie. Selon l'anthropologue Philippe Descola, grand spécialiste du bassin amazonien, ce sont d'ailleurs ces mêmes liens de solidarité qui favorisent l'évolution des populations dans des milieux difficiles[11]. Que l'on habite le Sahel, fréquemment tourmenté par de violentes tempêtes de sable, ou l'Amazonie, saisonnièrement assaillie de pluies diluviennes, et alors que certaines tribus ont longtemps connu la guerre, que l'environnement héberge d'innombrables espèces animales et végétales hostiles, la solidarité entre les individus d'un même groupe est la condition même de la survie de chacun. Dans l'Afrique traditionnelle d'ailleurs, une personne connue pour manquer de sollicitude envers les autres court le risque d'être rapidement mise au ban de la société. Condamnée par ses pairs, non-reconnue par les générations à venir, oubliée des récits communs, une personne égoïste et égocentrique est parfois vouée à la solitude et à l'exil.

Une course folle vers le néant

Ces systèmes de solidarité existaient également sous des formes plurielles dans les sociétés occidentales qui, au fil du temps, se sont affranchies de ces différentes expressions de l'attention et de l'abnégation. Par son récit économique valorisant la capacité de chacun à accumuler les richesses, le capitalisme a été l'un des catalyseurs de cette disparition. Le capitalisme et les développements idéologiques qui l'ont accompagné peuvent, en effet, être considérés comme le miroir d'une sur-personnification de chacun, qui met les individus sans cesse en concurrence avec leurs voisins pour l'accès aux ressources, aux savoirs et aux produits de consommation. Les modifications dans la vie d'une société obéissant à un tel système sont aujourd'hui incontestablement établies : l'être pour les autres devient un avoir pour soi, le produire pour vivre se transforme en un produire pour vendre, et la propriété privée prime sur les biens communs[12]. Étrangement, alors que le système capitaliste s'est édifié autour d'une volonté accrue de liberté, il excave aujourd'hui des failles inattendues, sources de maux individuels et collectifs et d'un cortège d'indéniables injustices. En d'autres termes, une liberté absolue, injectée dans des systèmes marchands qui disposent de frontières morales et éthiques corruptibles, limite l'exercice plein et serein de cette liberté. La sur-personnification des individus s'est d'autant plus répandue que les préceptes capitalistes incitent chacun à une compétition permanente contre les autres et contre lui-même ! Les travaux du sociologue Hartmut Rosa sont éclairants à ce sujet[13]. L'auteur rappelle que la vitesse et l'accélération propres aux échanges du système capitaliste ont tendance à provoquer un certain mal-être quotidien, une fuite du bonheur, une incapacité d'agir, et des décisions faussées et non-maturées dans la vie de tous. Cela est plus profondément marqué chez les jeunes générations, qui sont nées et ont grandi bercées par les récits capitalistes. Alors que, dans les récits de la modernité, une existence accomplie se résume généralement à un accès rapide à la réussite, à la notoriété et à de gros salaires, les jeunes d'aujourd'hui n'ont de cesse de courir vers une *promesse d'éternité*[14]. Une dynamique qui, selon Hartmut Rosa, ne se manifeste pas nécessairement par un vœu collectif d'éternité, mais davantage par une volonté individuelle de cumuler un maximum d'expériences en un minimum de temps. Les jeunes voyagent énormément, mais sans réellement prendre le temps de s'imprégner des lieux visités ; ils décuplent les expériences professionnelles et participent à plusieurs entreprises à la fois. Une grande majorité d'entre eux ne cuisine plus ; les écrans remplacent les moments partagés ; les amitiés se périment aussi facilement que les objets ; les relations durables et de qualité viennent à manquer… Une expérience récente nous a remémoré les ambivalences de l'accélération permanente. Quelque part dans une grande ville chinoise, nous sommes parvenus à nous immerger longuement dans un environnement qui nous était alors étranger, mais avons dû nous confronter à plusieurs reprises à l'incompréhension de nos hôtes. Alors que nous souhaitions rester dans cette ville pour avoir le temps d'en saisir la complexité, de découvrir et d'apprécier ses pratiques, les tenanciers de l'hôtel où nous logions n'avaient de cesse de nous encourager à poursuivre notre périple. Il paraissait ainsi évident, dans le discours des locaux, que le tourisme est une opportunité d'autant plus belle qu'elle se structure par le nombre de visites plutôt que par le temps d'une longue rencontre. Or, une ville géante, comme la Chine sait en faire naître, nécessite du temps pour être appréhendée, déchiffrée, vécue… Cette expérience illustre à quel point la vitesse est maintenant une injonction que les professionnels du tourisme ont assimilée et intégrée à leurs programmes. Agences de voyages et tour opérateurs se transforment alors lentement en architectes de problématiques collectives et sociales nouvelles. Ainsi, certainement malgré eux, les hôtes objectent les relations de complexité qui définissent leur culture et soustraient au vécu des visiteurs les caractéristiques territoriales dont ils sont censés être les gardiens et premiers ambassadeurs.

En courant toujours plus vite, les jeunes générations s'arrachent au temps et à l'espace, leurs vies se dématérialisent, et leurs pensées se projettent invariablement vers l'avenir, inhibant leur disposition à explorer le présent. Les nouvelles générations caressent le rêve de réaliser plusieurs vies en une seule, au péril de n'en connaître pleinement aucune. Le présent s'échappe alors pour faire place à une course en avant infinie, dont la ligne d'arrivée sans cesse repoussée distingue la capacité individuelle d'aller toujours plus loin et d'être toujours plus fort. Mais à vouloir constamment saisir l'insaisissable, des existences se fracturent, des couples se déchirent et le bonheur devient une utopie. Combien de personnes s'essoufflent à mi-parcours ? Combien sont-elles à se décourager avant même de commencer ? Combien de vies se brisent face à la violence d'un système aussi exclusif ? Alors que semble possible un système qui ralentit, qui accorde un espace à toutes les façons d'être et de penser ou, dans le moindre des scénarios, un système qui stabilise sa vitesse pour permettre aux « retardataires » de rattraper les autres, Hartmut Rosa affirme qu'il est dorénavant illusoire de vouloir enrayer cette accélération. La concurrence entre les entreprises et les groupes sociaux, inhérente à notre système, repose effectivement et justement sur cette capacité d'accélération. Freiner, c'est faire une croix sur un modèle de société qui s'invente depuis plus de deux siècles ! Puisque nous n'osons pas d'autre choix, tel un étau, cette inertie referme mécaniquement et inexorablement ses mâchoires sur les sociétés humaines. Alors que le plus petit incident prend des proportions médiatiques ou autres souvent excessives, et que des crises régulières secouent le monde contemporain, la volonté d'une transition réelle et équitable est rejetée. Le point de non-retour, fort probablement déjà dépassé, laisse planer sur les sociétés occidentales l'ombre du jour fatidique où l'horizon s'obstruera, le jour où, peut-être, tout s'effondrera[15].

Le capitalisme est une quête de pouvoir

L'accélération de nos sociétés entraîne une autre dynamique semblablement déstabilisante pour tous les territoires : pour continuer à agir et à se développer, le système capitaliste doit conquérir en permanence de nouveaux espaces. L'apogée mondiale du capitalisme paraît moins due à la qualité intrinsèque de ses principes qu'à sa faculté de s'étendre jusque dans les coins les plus retirés de la planète, apte qu'il est à s'adapter à des formes de vie et à des contextes sociaux extrêmement variés[16]. Par ailleurs, le capitalisme a su s'imposer avec d'autant plus de force et de rapidité qu'il se confrontait localement à des structures sociales et économiques souvent lourdes et lentes à mobiliser, les démarches collectives étant relativement chronophages. L'inertie de la diversité a constitué le tremplin qui a permis au capitalisme de lisser le monde bien plus vite que ce qu'il fallait pour dresser d'éventuelles résistances locales. La palabre, par exemple, cette assemblée coutumière africaine où sont discutés et arbitrés les sujets relatifs à la communauté, demande de longues délibérations et la synthèse d'une ample palette de points de vue, avant qu'un consensus se dégage puis soit adopté. Dans ce modèle de gouvernance collective, la moindre petite décision peut prendre énormément de temps. Dans les villages africains, les après-midi de discussion semblent interminables, mais les personnes de la communauté répondent présentes. Et celles dont les absences viendraient à être régulières se voient rappelées à leurs devoirs communautaires. Ces structures, gardiennes d'une multitude de solidarités, sont incompatibles avec un capitalisme avide de performance et d'efficience. De plus, et c'est peut-être là que se tapit le principal danger du capitalisme, son exceptionnelle flexibilité lui permet de s'accaparer des évolutions, initiatives et codes culturels qui ne sont pourtant pas les siens. Par exemple, une cérémonie traditionnelle deviendra un événement marchandé par l'industrie du tourisme, tandis qu'un recueil de contes oraux offrira l'un de ses best-sellers à une maison d'édition ayant senti le potentiel du partage. Ainsi, des modalités d'animation collective sont transformées en services monnayés par des entreprises qui se vantent d'une expertise unique en la matière. Cela dit, comment peut-on se targuer d'être meilleur expert qu'une communauté qui a su se régir des générations durant, par la qualité des relations qu'elle entretient entre ses membres ? Remplacer le gardien du village par une entreprise a un coût : celui de faire exploser les codes qui ont permis à une société de se maintenir, de muer et de faire perdurer son originalité. En Afrique de l'Ouest comme en Amazonie, les lieux sacrés sont à présent cernés de monocultures propriétés de multinationales étrangères. Le paysage saccagé, les accords tacites de solidarité détruits, les relations à l'autre dévoyées, et c'est toute une société qui se fragmente, se perd, et cherche son tempo dans un monde qui ne lui laisse que peu de possibilités de trouver ses marques et sa place. Le capitalisme est un impérialisme[17] qui, sur ses chemins, pourfend les symboles culturels et sociaux ferments de la diversité des peuples et des régions. Il prophétise que le salut des individus passera par une mondialisation intégrale, au risque que son emballement croissant centrifuge celles et ceux qui ne peuvent ou ne veulent adopter son rythme.

L'histoire d'une calebasse

Imposer les règles du capitalisme à des sociétés détentrices d'un héritage différent, et n'ayant pas nécessairement demandé à se convertir, leur inflige des violences indicibles et des souffrances durables. Et quand bien même elles épousent certains traits de ce système, elles n'en souhaitent pas moins continuer à cultiver parallèlement le legs singulier qui leur est confisqué. Quelque part dans le désert du Sahara, plusieurs exemples attestent ces dynamiques fondamentales. Dans la frange sahélienne du Mali, du Burkina Faso et du Niger, régions sableuses hébergeant les peuples de pasteurs nomades peuls et touaregs, triomphent aujourd'hui sur les marchés locaux des produits laitiers industriels provenant des géants européens de l'agroalimentaire. Le lait, en poudre ou concentré sucré en boîte, sape les échanges économiques locaux. On peut le trouver partout, dans les petites échoppes, sur les marchés, ou dans les restaurants et les hôtels de la région. Par leur capacité d'investissement et par les outils de standardisation qui équipent leurs chaînes de production, les industries produisent, à quantité égale, un lait beaucoup moins cher en unité de main d'œuvre que le lait du cru. De ce fait, ce dernier est plus onéreux sur les marchés locaux. Les éleveurs s'adaptent alors. Ils cassent leurs prix afin de pouvoir concurrencer ce lait venu d'ailleurs, et n'arrivent plus à rentabiliser leur activité. L'histoire aurait pu s'arrêter là, le système capitaliste aurait progressivement remplacé ces élevages paysans, qui auraient finalement disparu de la région. Les bergers se seraient peut-être reconvertis en guides touristiques ou en vendeurs de denrées importées. Les nomades auraient fini par se sédentariser, et la bande sahélienne serait devenue l'un des nouveaux greniers de l'économie-monde. Pourtant, la fierté des Peuls et des Touaregs en a décidé autrement. Car, face à la concurrence déloyale des laits industriels, des femmes, des hommes et des enfants sortent régulièrement dans les rues pour manifester. Pour mieux se faire entendre, ils utilisent la calebasse, un objet éminemment symbolique. Sur plusieurs de ces gros fruits durs, ils inscrivent des messages de lutte et de révolte. Chez les Peuls, les calebasses évidées servent de contenants pour transporter le lait et le commercialiser. L'extérieur des parois est gravé au couteau et décoré de motifs issus de la mythologie peule, ou représentant des symboles de prestige et de la singularité de chaque famille. Pendant la journée, les femmes portent sur leur tête ces récipients typiques pleins de lait. Elles se faufilent sur les marchés, puis vont de maison en maison pour remplir les petites bouteilles des offrants, qui constitueront des réserves rafraîchissantes. Utiliser ces calebasses pour manifester est loin d'être anodin, car elles sont l'emblème d'un monde dans lequel l'objet ne se résume pas à son usage : elles caractérisent des systèmes de relations qui structurent l'unicité et la complexité de la société peule. Élever du bétail n'est pas simplement une source de revenu pour les Peuls, le lien aux vaches constitue un véritable patrimoine social, symbolique et culturel. *Un Peul sans troupeau est un prince sans couronne* dit l'adage. Prendre soin des troupeaux depuis des générations, dans un environnement hostile piqué par les vents secs et les tourbillons de sable, exige une fine connaissance du vivant et du désert, des cycles de l'eau et des pâturages. Cela requiert également une gestion avisée des parcelles dont les ancêtres ont mis plusieurs décennies à tirer le meilleur parti. Cela demande enfin d'arpenter les pistes désertiques, de mettre ses pas dans ceux des pionniers et de tous les prédécesseurs qui ont risqué leur vie afin de rendre ces portions de terre habitables pour leurs descendants. L'élevage en pays peul relève d'une relation cosmogonique qui ouvre la voie à des temporalités dépassant de très loin une seule vie humaine.

Par le biais des calebasses, ce sont tous les liens et rapports entre les vaches et les humains, intrinsèques à l'habité sahélien depuis les premiers souvenirs d'hommes, qui sont posés comme instruments de rébellion. Les utiliser, c'est mettre l'essence même de l'héritage culturel peul, et les codes sociaux auxquels ils tiennent, en vis-à-vis du système marchand capitaliste qui menace de les déstabiliser. Tels des boulets de canon, les calebasses défendent la singularité d'un monde face à l'uniformité du nôtre. En les brandissant, les Peuls ne condamnent pas seulement l'entrée de produits laitiers de mauvaise qualité sur leur territoire, ils s'acharnent pour préserver l'ensemble des relations que mettent en péril ces derniers : des relations qui lient réciproquement les Peuls au désert, à leurs troupeaux et à leurs ancêtres.

L'histoire du Sahel est actuellement en suspens. Si le capitalisme n'a pas encore complètement réussi à renverser les équilibres en place, combien de sociétés a-t-il épargnées de ses maux ? Le désert protège, il reste pour le moment une frontière indépassable, les Peuls y puisent une fierté et la rage de résister. Mais pour combien de temps encore ? Le soleil ici se tache d'ombres, le piège se referme sur le Sahel et, en dépit des résistances, le capitalisme grignote à petit pas la diversité dont il est le foyer. Face à sa domination, le cri d'alarme du peuple est une invitation pressante à essayer d'organiser un système économique qui valorise davantage les bigarrures de chaque être, de chaque lieu, de chaque objet. En serons-nous un jour capables ? Serons-nous un jour capables de nous mouvoir dans un monde qui fasse siéger la différence au cœur de ses modèles sociétaux ?

Le piège de l'écologie-monde

Nous nous apprêtons, dans ce chapitre, à traverser un chemin de crête. Face à l'importante érosion de la biodiversité, poser un regard critique sur les milieux écologistes que nous défendons par ailleurs est périlleux. Néanmoins, nos expériences et nos rencontres nous l'ont démontré, la protection de la nature intègre elle aussi des discours et des pratiques qui uniformisent les territoires, dans la mesure où les stratégies et plans de sauvegarde renvoient à des approches politiques dirigées, héritées à la fois d'une vision contemplative de l'environnement et de son exploitation commerciale[1]. Ces approches ont mis sous cloche des territoires entiers, tout en séparant les humains des non-humains. Prédominantes au XIXe siècle, aux prémices de la protection de la nature, ces politiques tendent à revenir en force de nos jours, bien qu'elles ne soient pas partagées par toutes les communautés humaines autour du globe. Dans les anciens territoires colonisés, les explorateurs sont venus avec une vision bien précise des manières d'habiter avec la nature. Ils n'ont pas seulement colonisé des terres, ils ont pareillement colonisé les esprits et initié un déploiement territorial sans corrélation avec l'occupation et les usages des populations locales[2]. L'extension des colonies et la protection dont la nature y a fait l'objet traduisent finalement une seule et même emprise : celle de pratiques occidentales hégémoniques sur des modes de vie singuliers. Espaces d'autant plus symboliques qu'ils s'étendent à l'échelle internationale autour d'une unique charte de reconnaissance, les parcs nationaux sont la manifestation concrète de ces politiques. Ils témoignent plus que jamais d'une distance symbolique et radicale entre la nature et les humains, et affligent les territoires de nouvelles blessures. Au-delà des zones de protection, c'est aujourd'hui tout un arsenal de projets apparentés à l'écologie, dans les espaces urbains et ruraux, qui tend à signifier de nouveaux rapports de forces et de nouvelles inégalités entre les territoires. En écologie aussi, les imaginaires sont à décoloniser, afin de répondre avec courage et pertinence aux enjeux contemporains.

Koalas sous pression

Quelque part dans le bush australien, sur les traces des koalas, nous avons trouvé un contexte propice pour interroger les dynamiques de protection de la nature. Ces animaux emblématiques courent actuellement de graves dangers. Dans les années qui ont précédé notre expérience, la protection de la nature était pour nous une norme, un objectif ultime à promouvoir contre vents et marées, un système de valeurs incontestables censé fédérer par-delà les cadres sociaux. Nous pensions que seule la protection pouvait raconter un monde où, enfin, l'humain serait en mesure de prendre soin du sauvage et de rendre l'espace aux animaux et aux végétaux alors effacés de la modernité. Mais, en Australie, un chevauchement de questionnements nous a incité à faire un pas de côté.

Une bien triste maladie

Les koalas sont des animaux territoriaux. Chaque individu nécessite un domaine vital relativement étendu pour s'épanouir. Au cours de leur expansion géographique, des groupes de koalas ont su s'adapter pour vivre dans des espaces périurbains[3]. Pour eux, s'établir dans ces espaces n'est pas dénué d'intérêt. La concurrence avec les autres espèces animales y est moindre, ils peuvent regarder loin et disposent de ressources en eau plus facilement accessibles qu'en forêt. Les koalas boivent peu, mais ils ont besoin de boisements raisonnablement humides afin de pouvoir y résider sans difficultés majeures. À ce titre, les espaces verts des zones périurbaines entretenus par les humains représentent des sites stratégiques. Cela est d'autant plus avéré que le Sud-Est du Queensland, la région où nous étions partis à la rencontre des koalas[4], subit depuis quelques décennies des étés secs, des pluies de plus en plus rares et de violents feux de forêts[5]. Malgré tout, s'installer en zone périurbaine ne comporte pas que des bénéfices. Nous aimons penser que les non-humains, à l'instar des humains, arbitrent leurs choix de vie en pesant l'indispensable compromis entre des avantages à défendre et des inconvénients à accepter. En effet, en zone périurbaine, les koalas se confrontent à de nombreux dangers.

Ils sont notamment les premières victimes de la circulation automobile, et les chiens domestiques constituent une source de stress, leurs attaques pouvant les blesser grièvement. D'un naturel anxieux en situation de danger, le koala exprime sa tension et son angoisse par une perturbation de son métabolisme, au point de tomber sérieusement malade. En cause, la chlamydia, une infection sexuellement transmissible dont l'essentiel des koalas sont maintenant porteurs, et qui se déclare avec l'âge ou suite à des périodes de stress intense. Difficilement curable pour le moment, nonobstant les avancées de la recherche australienne, elle provoque la cécité, la stérilité et la mort.

Pour lutter contre ces fléaux, le gouvernement du Queensland mène des opérations de relocalisation des koalas. Les individus sont déplacés des zones périurbaines vers des massifs boisés protégés, loin des activités humaines. Certains de ces espaces naturels sont même clôturés, une mesure de sauvegarde localement dénommée *koala fences*. Ces palissades et grillages ont pour objectif d'éviter aux populations du petit marsupial de s'égarer sur des routes où sa vie serait à nouveau menacée. De prime abord, cette démarche semble des plus judicieuses. Cultiver des jardins d'éden où les koalas peuvent évoluer à l'écart des périls anthropogéniques renvoie à un imaginaire fort et fédérateur. Mais, à long terme, le havre de paix se transforme en enfer. Si, après de telles relocalisations, les koalas connaissent une augmentation notable de leurs effectifs, les courbes finissent d'ordinaire par se stabiliser, avant de tragiquement diminuer. Cette dynamique s'explique facilement : dans une zone délimitée, les koalas entrent naturellement en compétition pour l'espace, qui détermine leur accès aux ressources alimentaires et à la reproduction. Enclore des espaces, même sauvages, équivaut à réaliser des zoos à ciel ouvert, et le confinement de la population de koalas limite alors la variété des partenaires sexuels disponibles. Restreints dans leur conquête spatiale et dans leur diversité génétique et sociale, les koalas multiplient les conflits entre eux et souffrent de problèmes de consanguinité. La population s'uniformise alors, les groupes endurent un appauvrissement génétique et, par extension, leur capacité de résilience biologique diminue. Autant de facteurs qui, à leur tour, exacerbent le stress des animaux et favorisent la concentration des infections sexuellement transmissibles. Par effet de boomerang, cette situation fait ressurgir l'un des dangers que les mesures de relocalisation souhaitaient combattre, à savoir la maladie. Pour les koalas, protection rime parfois avec prison, puisqu'il leur est refusé de construire les espaces et structures d'émancipation qui leur sont indispensables.

L'impossible coexistence

Cette barrière d'ordre écologique conduit à une autre frontière, sociale cette fois, qui semble éthiquement indéfendable. Alors que les koalas bénéficient de certains intérêts à évoluer en zone périurbaine, les humains s'opposent à cette coexistence, arguant que la seule protection valable consiste à les déplacer. Afin d'éviter les dangers précédemment cités, accepter la coexistence en milieu périurbain demanderait inévitablement aux humains de réfléchir à leurs propres pratiques, d'imaginer de nouvelles manières d'occuper leurs territoires, d'agencer autrement leurs jardins, et de circonscrire les espaces fréquentés par leurs animaux domestiques, au premier rang desquels les chiens. Les humains apprécient, certes, de croiser des koalas dans leurs jardins ou dans les espaces verts qu'ils visitent, mais ils ne sont pas prêts à repenser de façon drastique leur mode de vie et leur usage de l'espace. Les habités consuméristes des Occidentaux continuent à se développer, contraignant également l'expression de la diversité que peuvent contenir ces espaces. Ces manières de disposer des territoires trouvent leur origine dans la conception anthropocentrique du monde, qui définit la majorité des espaces terrestres comme étant uniquement la propriété des humains[6]. Les politiques publiques se confrontent à ce même obstacle conceptuel quand il s'agit d'aménager les communes. Si certaines parviennent à sensibiliser les résidents sur les dangers qui guettent leurs voisins koalas, l'incitation à la cohabitation va rarement au-delà. Il manque souvent une réelle volonté politique d'abattre l'anthropocentrisme qui préside à l'aménagement des espaces. Pourtant, faire en sorte que les koalas puissent trouver refuge en zone périurbaine permettrait à leurs populations de se diversifier et, par suite, de diversifier leur patrimoine génétique. Leur protection en serait d'autant plus effective et prometteuse. Enfin, en cherchant à dissocier continuellement nature et culture, humains et non-humains, les sociétés se privent de rencontres avec des différences génératrices de créativités plurielles, elles se privent d'une humanité irriguée par des relations pacifiées, et de systèmes de prospérité renouvelés. Or, seule cette dynamique rendrait possible et sereine la coexistence entre koalas et humains. Comment avons-nous pu nous couper de telles opportunités ? Comment pouvons-nous être si anthropocentrés dans nos façons de penser la cohabitation entre humains et non-humains ? En Australie, nous avons compris que, paradoxalement, la protection environnementale peut contribuer à détruire la diversité non-humaine qu'elle est censée valoriser.

Quand la protection devient synonyme d'exclusion

Les koalas ne sont pas les seules victimes de mesures de protection de la nature mal pensées. L'articulation des échelles de gouvernance, du local à l'international, a rendu l'éventail juridique des régimes de protection de la nature extrêmement dense et varié. Chaque système détaille une protection de l'espace qui s'appuie sur des contraintes plurielles et une réglementation particulière[7]. En dépit de leurs dissemblances, la plupart des politiques écologiques ont pour point commun de s'ancrer majoritairement dans le partage spatial qui, comme nous l'avons vu en Australie, caractérise le monde contemporain et consiste à isoler pour mieux protéger. Alors que notre exemple océanien concerne plutôt les non-humains, dans d'autres lieux, ce sont des sociétés humaines entières, et surtout les relations d'équilibre qu'elles entretiennent avec leur environnement, que les politiques sacrifient à la protection.

Un peuple oublié

Dans les luxuriantes forêts humides du bassin du Congo, sur les terres des gorilles et des éléphants, la biodiversité est remarquable et fait l'objet d'une préoccupation mondiale.

L'Unesco veille. L'institution protège ce poumon vert, le deuxième de la planète derrière l'Amazonie, et labellise les différents parcs nationaux de la région[8]. Ces derniers font alors l'objet d'une protection intégrale et jouissent d'une visibilité internationale. Toutefois, instaurer des politiques de conservation par le prisme de la dualité réclame de faire abstraction de l'histoire anthropologique du lieu et des dynamiques communautaires qui, depuis la nuit des temps, trouvent leur inspiration dans les espaces forestiers. Les tracés de l'Unesco ne suivent pas les limites administratives de la mosaïque des peuples et des groupes de la région. Ces mosaïques ont pourtant un sens : qu'elles soient des zones de chasse, de résidence ou de pratiques spirituelles, elles sont nécessaires aux différentes communautés pour vivre en accord avec leurs us et coutumes. Dans les cas les plus intrusifs, les autorités internationales demandent d'exclure les populations humaines qui habitent certaines fractions du territoire protégé. Les Pygmées aka et baka ont été les premiers touchés par l'expropriation et par d'implacables interdictions d'usages qu'ils pratiquaient de tout temps en forêt[9]. En quittant la terre de leurs ancêtres, principal motif de leur fierté, les communautés forestières se retrouvent aujourd'hui désorientées par ce bouleversement des codes et des traditions qui scellent leur appartenance au monde[10]. Dès lors, elles se sentent entravées dans leur routine, essentielle pour vivre correctement dans les conditions âpres et source de précarité qui sont les leurs. Les enfants, par exemple, aiment aller en forêt pour chercher le petit bois qui sert à la cuisine des familles. Pour ceux qui ont grandi en son sein, la jungle est également une incroyable pharmacie. Au fil du temps, les Pygmées sont devenus maîtres dans l'identification des plantes forestières et de leurs vertus thérapeutiques. Contre le paludisme et les anémies, la forêt offre une précieuse alternative aux traitements allopathiques modernes qui, pour certains villages, ne sont accessibles qu'après plusieurs journées de marche. Or, certains maux exigent des solutions rapides. Malgré la nécessité, un enfant s'aventurant aujourd'hui dans le parc risque un accident avec les gardes armés, qui peuvent avoir la gâchette facile. Plusieurs cas se sont déjà produits, qui ont meurtri et indigné des familles, dont un fils, une fille ou un proche a succombé. Devant les dangers et les privations, nombre de familles préfèrent abandonner leurs terres ancestrales. Elles partent vers la ville en quête d'une vie plus émancipatrice, mais leurs espoirs sont rarement comblés. Ignorantes des codes et des mœurs des sociétés urbaines, sans ressources ni argent, et face aux courants de marginalisation ethnique des peuples forestiers, ces familles se retrouvent souvent condamnées à une vie miséreuse dans les bidonvilles qui jalonnent la périphérie des mégalopoles africaines.

Au Congo comme dans maints espaces protégés de la ceinture équatoriale, les contrôles sont légitimés par l'apparent devoir de protéger la forêt et les espèces puissamment symboliques qu'elle abrite. Dans cette partie de l'Afrique, ce sont les charismatiques gorille de montagne et éléphant de forêt qui sont portés comme étendard des politiques de préservation. Cependant, la présence des communautés forestières et leur usage du milieu ne menaçaient pas nécessairement les populations animales résidentes, les habitants humains de la forêt ayant su vivre en harmonie avec elles[11]. En outre, ils ont su préserver la forêt, si bien qu'elle est de nos jours reconnue pour sa haute valeur paysagère et écologique. Si le gorille était effectivement chassé de temps à autre par les peuples pygmées, certaines parties de son corps servant dans la pharmacopée traditionnelle, les chasses étaient généralement rares et circonspectes. Depuis une vingtaine d'années, elles ont d'ailleurs totalement disparues en réponse aux réglementations internationales, ce qui démontre la faculté des peuples de faire évoluer leurs pratiques face aux enjeux écologiques. D'autre part, les populations de gorilles sont actuellement victimes de la déforestation et du braconnage. Croiser un gorille est devenu tellement rare que les chasseurs doivent maintenant se hasarder au plus profond de la forêt pour avoir une chance de les trouver. Seuls les braconniers sont suffisamment équipés pour pénétrer si loin dans la jungle. Cette pratique illégale fait naître de nouveaux systèmes d'oppression, pour la biodiversité bien sûr, mais également pour les communautés forestières elles-mêmes. Dans certains villages reculés, la difficulté d'accéder aux soins modernes incite les locaux à acheter aux braconniers leurs ressources curatives, à des prix au demeurant extrêmement abusifs. Pour couronner le tout, de nombreux parcs d'Afrique centrale souffrent aujourd'hui de l'exploitation frauduleuse des réserves de minerais qui éventre le couvert végétal, et d'une immigration massive de populations en provenance des pays voisins, d'où elles fuient les conflits sociaux et les guerres civiles récurrentes. Et alors que l'expropriation a été mise en œuvre comme une juste mesure de protection, il apparaît que le territoire est devenu la matrice de pratiques informelles et hors-la-loi, destructrices de la diversité et de la poésie des lieux, justement parce qu'il est inhabité. Pourtant, depuis le commencement, une autre voie semblait possible. En contrôlant les marchés locaux, en développant une véritable politique de surveillance des parcs en partenariat avec les populations pygmées, en désenclavant leurs villages par la construction de routes praticables leur permettant d'aller vendre leurs productions agricoles et artisanales aux centres-bourgs les plus proches, tout en leur assurant la possibilité d'accéder aux soins médicaux modernes, une autre histoire aurait pu s'écrire. Une histoire qui aurait vu les Pygmées continuer à exploiter la forêt à leur modeste mesure, qui les aurait vu collaborer à sa protection et à sa valorisation, et mettre fin aux négociations avec les criminels de l'environnement qui profitent des carences publiques pour établir un rapport de force violent et dominant. L'exigence de réunir en une seule et même démarche justice sociale et justice environnementale n'a jamais autant fait écho aux enjeux croisés propres aux communautés pygmées.

Un lien brisé au paysage

En Europe, les schémas de déploiement des espaces protégés sont relativement comparables. Les mêmes problématiques territoriales ont embarrassé le débat public[12]. Dans les zones cœurs des parcs nationaux, l'espace est très rigoureusement réglementé. Seule la randonnée, certains loisirs et quelques pratiques agropastorales assurant le maintien des prairies et des marais sont autorisés. En toile de fond percent alors de nombreux conflits liés à l'acceptation et à l'adhésion des populations locales aux processus de valorisation. Face au remembrement agricole requis par la délimitation d'une aire protégée, face à la délocalisation d'activités entrepreneuriales, y compris des activités susceptibles de valoriser les caractéristiques écologiques du lieu, et face aux nouvelles contraintes de développement social et économique auxquelles sont soumis les élus locaux, la mise en place d'un parc national apparaît comme une subtile négociation, un exercice diplomatique délicat dont le consensus reste à jamais fragile. Les populations locales se sentent privées d'un espace qui, plus qu'un simple décor, nourrit leur existence et leur culture. Les parcs nationaux étant également des organismes étatiques, la protection environnementale promeut des formes écologiques de centralisation des compétences au détriment des pouvoirs locaux élus par les habitants, ce qui renforce en profondeur le sentiment de désappropriation territoriale. Dans les vallées alpines ou sur les sentiers des crêtes cévenoles, la rancœur reste vive. Au détour des chemins et des villages qui bordent les parcs, les messages de rejet sont partout. Parce qu'elles sont actuellement fondées sur une stricte séparation des activités humaines et des affaires de la nature, la plupart des aires protégées semblent paralyser l'émergence d'un réel espace partagé et collectif.

Le réensauvagement comme outil de défiance

L'appel du sauvage est un cycle. C'est également un objectif fédérateur qui entraîne les esprits et les cœurs vers un au-delà inconnu et secret. En renouant avec l'esprit des premiers voyageurs partis explorer des lieux absents des cartes, le réensauvagement ouvre la voie à des espaces fabulés. Il est devenu un outil politique de gestion de la nature et de ses abondants réservoirs de biodiversité. Il offre au sauvage de se réapproprier des zones de libre épanouissement. Une démarche que les penseurs du réensauvagement définissent comme une décolonisation de la nature et des modes de vie des non-humains. Selon eux, l'humain doit à présent se retirer définitivement de la gestion des espaces dits *naturels*[13]. Tandis que les politiques de protection ont tendance à séparer les humains des non-humains, tout en opérant une gestion administrative et écologique fine du territoire, les théoriciens du réensauvagement positionnent le curseur en amont, en proposant un retrait complet et irrévocable de l'humain de la gestion et de l'évolution de ces espaces. Plus précisément, et bien que différents courants aient proposé des trajectoires multiples dans la manière de réensauvager le monde, la démarche a pour particularité de préconiser une protection intégrale des espaces naturels, mais aussi la création de corridors biologiques sur de très vastes distances, pour permettre à la faune de se déplacer et à la flore d'essaimer par-delà les frontières administratives des pays ; également la réintroduction de grands herbivores, puis de grands carnivores, afin que les populations animales et végétales se régulent d'elles-mêmes par leurs mécanismes trophiques. Une démarche qui peut rapidement être résumée par l'allocution de Red Noss, qui suggère d'étendre le réensauvagement par le rétablissement de hauts lieux de biodiversité, de corridors biologiques, et par la réintroduction de grands prédateurs. Ce que l'auteur désigne par les trois *C* : *Cœur*, *Corridors* et *Carnivores*[14]. En achetant des terres et en les plaçant sous cloche pour permettre un retour spontané de la biodiversité, certaines associations et collectivités territoriales se mobilisent pour faire valoir les préceptes du réensauvagement dans les territoires ruraux. En véhiculant l'imaginaire d'une nature vierge et exempte de toute influence humaine, le réensauvagement dégage une puissante force d'attraction. Malgré tout, le concept pose des problématiques nouvelles et bute sur des barrières éthiques, anthropologiques et politiques.

La sémantique est d'un secours précieux pour qui veut comprendre les rapports de force que véhicule chaque terme en société. Les mots dictent les actions, ils constituent des actes politiques, définissent le monde, et il n'est jamais futile de s'attarder un instant sur les racines auxquelles ils renvoient. Dans les sociétés modernes, imprégnées de longue date par la dichotomie entre nature et culture, les espaces sauvages distinguent des lieux inhabités par les humains[15]. Or, les avancées en sciences humaines et sociales invitent à déconstruire cette disjonction, en démontrant que, dans toute société et de tout temps, des liens étroits entre les systèmes humains et les éléments du milieu naturel ont participé au maintien d'une biodiversité unique[16]. Les prairies alpines, pourtant protégées et regorgeant de diversité animale et végétale, sont des espaces entretenus par des pratiques paysannes[17]. Sans elles, les prairies sont condamnées à devenir de denses forêts de conifères, les espaces étant naturellement conquis par des espèces plus compétitives que d'autres, qui s'imposent petit à petit, jusqu'à former un écosystème qui leur est propre. Sous nos latitudes tempérées, les végétaux les plus compétitifs sont les grands arbres et les espaces qu'ils créent sans intervention humaine sont des forêts de chênes, de hêtres ou de frênes[18]. Ces milieux constituent un atout supplémentaire face aux aléas climatiques, mais ils abritent une moindre quantité d'espèces animales et végétales. Ce risque de transformation majeure des milieux concerne également les tourbières, les vallées et les marais. Tout cela nous montre que, malgré le divorce entre les humains et les autres êtres vivants prononcé par les sociétés modernes, nature et culture restent étroitement liées. Leur intrication confronte par ailleurs les politiques de réensauvagement à une barrière anthropologique et écologique, car peu d'espaces peuvent s'affranchir d'une cogestion de l'humain, tout comme peu de sociétés peuvent s'affranchir d'une appropriation spontanée, ne serait-ce que par le symbole, des éléments de nature qui composent le théâtre de leur quotidien. Sans cette relation, comme le dit si bien le géographe Augustin Berque, nous ne pouvons réellement exister. Le réensauvagement apparaît ici comme une nouvelle emprise de l'Occident sur les façons d'être ou de penser. Si les promoteurs de cette démarche vantent une décolonisation de la nature, c'est pour mieux asseoir des formes nouvelles de colonisation des cultures et des modes d'habité. Autrement dit, le réensauvagement met en veille les processus d'interdépendance et de relations réciproques qui organisent intrinsèquement le vivant, et dont l'humain est partie prenante. Faire des politiques de réensauvagement des processus suprêmes de préservation de la biodiversité, c'est accepter de perdre une foule d'écosystèmes et de cultures qui participent également au déploiement de la diversité et de la résilience. En continuant à séparer nature et culture, et en diluant les relations qui nous unissent les uns aux autres, le réensauvagement s'érige en mur. Et en pensant le monde uniquement au travers des règles biologiques et écologiques des individus, il en oublie ce qui fait l'habité de toutes les sociétés, de tous les milieux et de tous les individus :

le sensible. Dans les sociétés modernes, ce sont les projections symboliques et culturelles qui expriment la pluralité des sentiments d'appartenance à un terroir, un paysage, une région, une forêt... Dans de nombreux endroits, vivre ne peut se concevoir sans l'autre, vivre dans un territoire est un art nourri des relations que nous tissons avec lui. Ces relations constituent de véritables *médiances paysagères*, pour reprendre l'expression du géographe Augustin Berque, et développent notre écoute du monde[19]. En se révélant incapable de prendre en compte la sensibilité des vies humaines et non-humaines, le réensauvagement est un faux romantisme qui détruit « le sel de la vie[20] », soit la poésie des choses, des mots et des lieux.

L'urbain de retour dans l'équation écologique

Un dernier détour, par les villes cette fois, permet de comprendre les limites de démarches écologiques qui s'enracinent dans les dynamiques de scission entre les humains et la nature. Dans les anfractuosités de l'urbain, des citoyens engagés et des élus convaincus s'orientent vers des projets permettant un retour de la nature en ville. Ces projets sont extrêmement variés, ils prennent notamment forme dans une agriculture urbaine entrepreneuriale et dans des mouvements militants revendiquant la réappropriation des espaces urbains[21]. Chaque jardin est unique et chaque projet écologique citadin l'est tout autant. Tous dépendent des enjeux internes de chaque ville, mais aussi des idées, convictions et ambitions qui animent les porteurs de projets[22]. En conséquence, chaque projet de nature en ville répond à des modalités spécifiques, qui peuvent s'opposer ou se compléter dans la manière de concevoir une ville belle et équilibrée.

La pression des tours

À l'ère du vertige numérique naissent des projets ambitieux. Ils se veulent connectés, articulés par le nouveau langage des algorithmes, hors-sol. Fraises, courgettes et poireaux poussent maintenant dans des conteneurs et dans des tours tutoyant le ciel. Là-bas, des poches d'eau en plastique remplacent les nutriments de la terre et des tuyaux en caoutchouc se substituent aux racines et aux veines des vieux arbres. En opérant un virage techniciste dans la façon de penser et de porter l'agriculture, ces fermes urbaines résument la pratique agricole à sa seule fonction alimentaire. Ces projets prétendent à l'écologie en s'appuyant sur les enjeux de la localisation : les produits agricoles poussés en ville pour la ville réduisent ainsi le transport et les pollutions associées. Cependant, observer ces tours urbaines pour comprendre les réseaux d'acteurs avec lesquels elles interagissent, directement ou indirectement, soulève quelques inquiétudes quant à la finalité de telles démarches. Là où l'on pourrait capter une affinité entre la ville et la campagne, les fermes urbaines déconnectent et font sourdre de nouvelles concurrences territoriales. En effet, alors qu'un nombre incalculable de paysans des campagnes ne parviennent plus à vivre de leur métier, ces fermes urbaines, très fortement subventionnées par les pouvoirs publics, connaissent une croissance de l'emploi à faire pâlir n'importe quelle entreprise.

Ce sont pourtant les fermes des campagnes qui portent en elles les germes d'une écologie réelle, radieuse et résiliente. Car, dans leurs espaces cultivés, l'agriculture peut réunir plusieurs des fonctions destinées à servir le commun, en l'occurrence nos assiettes, nos territoires et notre biodiversité. L'agronome François Léger le rappelle, la multifonctionnalité des fermes est la seule plus-value d'une agriculture responsable[23]. Bien pensée et menée par des acteurs locaux, l'agriculture permet, de manière non-exhaustive, l'aménagement des paysages, l'organisation de collectifs territoriaux, l'émergence de relations par-delà l'humain, la valorisation touristique de certains lieux et la conquête de semences oubliées. Les fermes intégrées qui occupent des tours urbaines cultivent le plus souvent des produits sans terre ni soleil, et sont dans l'incapacité d'envisager une agriculture plurielle au service des territoires. Pire, par leur force de frappe sur le plan de la technologie et du marketing, et par leur capacité à s'imposer sur les marchés urbains, elles tendent à ringardiser les agriculteurs des campagnes, relégués au rang de dinosaures. Acheter des salades ayant poussé dans des tours, c'est encore participer à la destruction des campagnes. Dans les métropoles, l'agriculture urbaine est maintes fois mise au service de politiques de développement entrepreneuriales qui véhiculent les mêmes inégalités sociales et territoriales dont le modèle économique dominant a fait son substrat, et participent à niveler le monde par le biais d'une orientation agricole et alimentaire univoque.

Des jardins au détriment des forêts ?

Cela dit, tous les projets d'agriculture urbaine ne sont pas à ranger dans la même catégorie. À contre-courant du tout numérique, des projets de jardins partagés voient le jour dans les interstices des grandes villes épargnés par l'urbanisation. Plébiscités par des politiques municipales qui ambitionnent de revégétaliser la ville, les jardins urbains sont financés, mis en valeur et placés au cœur des actions de communication municipales louant le bien-vivre de la commune et la considération accrue de ses gestionnaires pour la faune et la flore. Au-delà de la pratique agricole qui ramène biodiversité et résilience en ville, les énergies déployées dans les jardins font écho à des enjeux plus vastes comme le travail, le bonheur, le vivre-ensemble, l'écologie, les nouvelles formes de gouvernance et de démocratie[24]. Les jardins sont des chemins de traverse où l'on prépare quotidiennement des réponses aux problèmes de l'existence. Remis au centre des parcours de vie, ils sont volontiers une riposte à différents processus d'oppression ou de précarisation. Que ce soit dans un milieu privilégié ou dans les oubliettes de la société, dont les reclus se structurent par les difficultés sociales et économiques qui les accablent, les jardins fournissent des espaces où l'on échafaude ses propres démarches, où le travail s'accomplit pour soi et où l'on tente d'échapper au joug urbain et capitaliste. Dans les quartiers populaires de New York et de Philadelphie, les jardins sont conçus comme des processus d'entrepreneuriat, où les jeunes jardiniers sont les mandataires de compétences et d'évolutions intellectuelles renouvelées[25]. Ils participent également à rehausser l'image des populations marginalisées de la société. Bien souvent, les pratiques agricoles citadines font chavirer les stéréotypes qui engluent les populations à bas revenus, en démontrant qu'elles aussi ont le droit (et l'envie) à une nourriture saine, au partage social et à quelques activités de loisir.

Néanmoins, il arrive que ces projets de jardins urbains soient, malgré eux, rattrapés par les préceptes de l'économie néolibérale. Ils peuvent même véhiculer de nouvelles dynamiques ségrégatives. Dans les villes qui connaissent des problèmes, les jardins constituent des leviers d'attractivité permettant de gérer à coût réduit des espaces oubliés, et de soigner des quartiers stratégiques qui disposent d'ores et déjà d'un potentiel de gentrification. Ainsi, les jardins, intégrés à des lieux spécifiques et inscrits dans des politiques publiques qui cherchent à montrer l'attractivité de leur ville, peuvent autant participer à l'embellissement d'un quartier qu'au maintien d'un processus de paupérisation dans un autre. Poser le regard sur ces alternatives implique d'interroger la finalité des politiques écologiques appliquées : les jardins potagers ont-ils pour objectif de permettre à une ville de se réinventer, où sont-ils un préalable au maintien de la seule croissance économique et urbaine ? Toutefois, il est vrai que ces projets verts participent d'une nouvelle éducation environnementale pour des générations de plus en plus déconnectées des cycles du vivant. À Paris, Montréal ou Berlin, des jardins partagés affichent des espaces diversifiés où l'on découvre des micro-parcelles s'inspirant des techniques de la permaculture, des mares minuscules, des hôtels à insectes pour repaires de biodiversité, et des espaces définis comme *forestiers*, désignant quelques arbres que les gestionnaires du jardin ont choisi de garder et de valoriser. Bien que ces jardins s'enorgueillissent de mettre sur le devant de la scène une nature aimée et fragile, ils propagent également des imaginaires limitants pour certains individus, en particulier pour les enfants, dans la mesure où la compréhension du vivant est diffusée par le seul prisme des aménagements jardiniers. La perception par le public urbain de ce qui définit la nature est alors catégorisée dans des reproductions miniatures, au sein desquelles les équilibres écosystémiques sont d'autant plus facilement imités qu'ils sont excessivement simplifiés. La vie en forêt est d'une complexité que l'on ne peut appréhender qu'après une longue période d'immersion, ou plusieurs années d'études des systèmes de relations qui la composent. Or, en essayant de mimer la nature dans des espaces réduits, on risque d'atténuer la compréhension de la diversité des espaces ruraux et naturels. Quel sera l'état d'esprit d'un enfant lorsqu'il approchera une véritable forêt ? En voulant connecter les individus à la nature, ces espaces édulcorés peuvent produire l'effet inverse : ignorants de la complexité des espaces sauvages denses et infinis, les contacts futurs avec ces derniers pourront, le cas échéant, susciter la peur, le rejet et une incompréhension à même de tronquer les liens durables et instinctifs avec la diversité des non-humains. Si l'agriculture peut dorénavant être portée sans terre, et si l'on imagine les forêts à partir de petits bosquets urbains, comment dès lors lutter contre les processus d'urbanisation brutaux, dont plusieurs études révèlent les dangers pour la résilience de la biodiversité et des sociétés humaines elles-mêmes ? Comment dès lors faire entendre qu'une nature pensée par et pour l'urbain ne peut, en aucun cas, se substituer à la diversité des espaces forestiers présents dans les territoires ? Comment dès lors inciter les individus à se décentrer par rapport à eux-mêmes pour s'aviser des liens qui peuvent les unir aux autres, humains et non-humains ?

Quoi qu'il en soit, nous avons la conviction que les initiatives de nature en ville peuvent porter de belles interfaces relationnelles avec les campagnes proches ou lointaines. Dans ses travaux, la géographe Lilli Monteventi Weber invite à réexaminer les espaces mixtes qui permettraient d'amalgamer, en un seul et même objectif, le bien-être des populations et une nouvelle valorisation de la diversité territoriale et des systèmes de production agricole[26]. En creux se cache une nouvelle orientation de l'aménagement du territoire, consistant à désurbaniser la terre en travaillant à l'avènement de structures politiques et sociales qui permettraient à chacun de vivre dans un territoire aimé et choisi, sans devoir se couper des différentes opportunités sociales, culturelles et économiques. Les outils numériques peuvent alors être mis au service d'une nouvelle cause territoriale, en portant le déploiement de nouveaux agendas distributifs entre villes et campagnes. Raisonnée et développée à contresens de la diversité territoriale, l'agriculture urbaine a toujours été une question à l'envers : plutôt que d'amener l'agriculture dans les villes, la solution ne résiderait-elle pas dans un repeuplement des campagnes et la réaffirmation de leurs singularités ? Ces dernières ont suffisamment souffert d'un exode qui les a vidées de vie et de sens.

Interlude
Osons créer et résister : la voie de l'écologie relationnelle

Broyées par la vitesse, l'économie globale, l'uniformisation urbaine, et par un temps unidirectionnel, les couleurs du monde s'estompent. Leur disparition annonce l'oubli, les injustices, la déréliction et des ruines. La protection de la nature elle-même, censée être garante de la diversité des non-humains, concourt à l'aplanissement du monde, à son silence et à la destruction des liens réciproques qui nous unissent les uns aux autres. Concernant des espaces géographiques très hétérogènes, les dynamiques d'uniformisation disparates que nous avons décrites ont entériné la dualité entre nature et culture, ultérieurement mise en récit économique par le capitalisme. Si la dualité du monde est apparue dans la pensée occidentale, cette dernière a su s'imposer progressivement dans tous les recoins de la planète. Ainsi, l'Occident laisse dans son sillage d'ineffables violences, sources d'inégalités spatiales et sociales qui limitent grandement l'expression de la diversité. Issues de la pensée occidentale, les façons d'envisager le progrès, la culture et l'action politique s'imposent absolument partout, entraînant une domination de l'Occident sur les multiples manières d'être. En conséquence, une pensée unique se fait jour, qui modère sévèrement la résilience des sociétés, leur capacité à se rencontrer, à s'émanciper et à conserver vivants le charme et les richesses culturelles et spirituelles des lieux et des continents. Claude Lévi-Strauss condamnait déjà, en son temps, l'éclosion d'une pensée unique. Tranchant, il martelait à la tribune que le fait d'opposer les humains à la nature revient nécessairement à opposer un type d'humain à d'autres types d'humains. Malheureusement, bien peu nombreux ont été les décideurs politiques à prendre la mesure de ses propos. Aujourd'hui, nos sociétés sont au bord de la rupture, car leur manière de concevoir le monde déracine les individus de leurs territoires, les arrache à leur corps social et fait fi de leurs émotions. Cette pensée unique appauvrit les existences, les soumet à une perte de sens et de liens. Dans un monde monochrome, plus rien ne peut combler l'essence de la vie, puisque la découverte de la différence, la coexistence dans la diversité et l'émergence de nouveaux processus de résilience et de poésie ne sont plus. Tout semble alors s'écrouler…

Malgré tout, sur les ruines du monde, certains continuent de danser. De virevoltes en pas de deux, ils disséminent de nouvelles taches de couleurs sur la fresque planétaire désormais en noir et blanc. Ainsi, de nouveaux liens, et un habité duquel ruissellent de nouvelles promesses, se structurent dans des sociétés d'ailleurs, aux modes de vie différents des nôtres. Car du regard que portent ces personnes sur le monde jaillit une vérité trop longtemps oubliée : en dépit des menaces qui pèsent sur elle, la diversité s'esquive mais continue d'exister et de nouer des liens de résistance. À l'image du combat des Peuls au Sahel, des éco-villages qui apparaissent dans les territoires, et de ces batailles menées contre l'exploitation abusive de portions entières du monde, des voix s'élèvent pour exprimer l'aspiration de chacun à vivre une diversité désirée et choisie. Mais, au-delà de ces dynamiques visibles et souvent spectaculaires, il existe également une diversité ordinaire qui mérite amplement d'être redécouverte. Elle niche dans des lieux si banals que nous ne les regardons plus le long de nos chemins. La diversité que nous avons fréquemment tendance à mieux percevoir ailleurs est également présente chez nous. Partout ! Néanmoins, l'éducation occidentale ne nous permet plus de l'observer ni de la comprendre et de la valoriser dans de nouveaux projets de développement. Des siècles d'uniformisation ont forgé des visions exclusives, réservées, simplificatrices, et ont imposé comme universelle une vérité arbitraire éclipsant les autres. Pourtant, il suffit de scruter les espaces de notre quotidien avec un regard neuf pour entrevoir, ensemble, l'opportunité de tisser un réseau visant à exalter la diversité et permettant d'accéder à des significations plurielles du monde. Ici réside peut-être l'un des plus beaux enseignements de nos voyages sur les routes du globe : nous l'avons déjà mentionné, il nous a fallu partir loin pour mieux redécouvrir l'ici et mieux cerner les engagements que nous voulions porter. À présent, notre souhait est de donner à voir les mondes que nous aimons, et contribuer à faire des politiques de développement les pivots de manières solidaires d'être à l'autre.

L'avenir mérite une autre lecture et nécessite impérativement de cultiver une nouvelle pensée de notre monde, une pensée systémique et globale, qui s'appuierait sur le dépassement de la dualité entre nature et culture et la mise en valeur des diversités qui nous traversent. Mûrir l'obsolescence de cette dualité trace la voie vers un champ d'exploration inconnu, à la découverte des potentialités offertes par les relations étroites et réciproques qui peuvent nous unir à l'autre, qu'il soit humain ou non-humain. Cette voie, nous proposons de l'appeler *écologie relationnelle*. Écologie est un mot issu de la racine grecque *Oîkos* qui signifie « maison », « foyer », « habitat ». Positionner l'écologie comme première équivaut alors à penser un habité à la fois singulier et générique, capable de rassembler les humains et les non-humains à l'échelle des territoires. Apposer le terme *relationnel* à la suite du mot *écologie* permet de déborder de la simple notion d'habitat pour l'enrichir d'une dimension de dialogue et de justice entre les êtres qu'elle n'a jamais réellement mobilisée, que ce soit dans la science ou dans les mouvements de la société civile qu'elle a engendrés. Les expressions telles que *société de la relation*, *société relationnelle*, ou encore *déploiement de la relation*, utilisées dans la suite du récit, sont les mêmes termes d'un projet qui entend faire de la relation le socle de la pensée et de l'action politique. Dans la seconde partie de notre développement, nous souhaitons aller à la rencontre de cette écologie relationnelle, dont les concepts, les auteurs et les faiseurs de mondes laissent présager des parcours inédits. Nous souhaitons, dans les chapitres suivants, rendre hommage à tous ces passeurs de mondes, du berger de haute montagne au citoyen d'une forêt en sursis, dont la présence motive de nouveaux récits sociaux et culturels. Nous en sommes convaincus, miser sur les différences constitutives des individus et des territoires est la clé de réponses pertinentes aux crises sociales et écologiques. Entre l'émergence d'imaginaires fédérateurs et la construction d'espaces de relations renouvelées, l'écologie relationnelle a le pouvoir de remettre du sens dans nos vies et de restaurer les espoirs brisés du monde.

PARTIE 2
CONSTRUIRE UN MONDE DE LA RELATION

Écouter et sentir les liens qui nous soutiennent

Il y a des regards qui, lorsqu'ils fixent une personne, touchent les cœurs et bouleversent les esprits. Ces regards restent dans les souvenirs comme des rochers auxquels s'agripper quand vient le temps d'une réflexion, d'un doute ou d'une difficulté. Souvent, nous nous remémorons l'un de ces regards. Celui du vieil Emmanuel, gardien des baobabs sacrés, qui nous a récemment livré l'histoire de sa vie. Nous avons dû aller loin pour faire sa connaissance, par-delà les sentiers balisés et les pistes connues. De Ouagadougou, la capitale du Burkina Faso, la route est encore longue pour rejoindre la deuxième ville du pays, Bobo-Dioulasso, que d'aucuns aiment appeler *la belle Sia*. Il faut dire que la ville offre un paysage étonnant. Son sol ocre contraste avec les mille et une nuances de vert des arbres qui flanquent ses rues. Cette région d'Afrique de l'Ouest est pluvieuse, ses rivières, ses lacs et sa brousse sont le refuge d'une diversité extraordinaire. Après la traversée des routes sableuses du désert, au Niger et au nord du Burkina Faso, la région de Bobo-Dioulasso apparaît à l'horizon telle une mamma bienveillante ouvrant ses bras chaleureux. Autrefois, cette ville connut un vif rayonnement culturel. Ses festivals d'artisanat, de musique, ses concours internationaux de djembé, son ancestrale mosquée de Dioulassoba, typique de l'architecture soudanaise, attiraient autant les priants que les touristes curieux. Le marché central était également un important carrefour de négoce des tissus traditionnels en provenance des pays sahéliens, tissus qui, après quelques tours de tractations, repartaient vers les plages de la Côte d'Ivoire et du Ghana. En raison de la centralisation des compétences et des opportunités à Ouagadougou, le prestige de Bobo-Dioulasso s'est terni, bien qu'elle soit restée une ville bouillonnante. Sa jeune population est déterminée à faire du Burkina Faso l'un des pays qui comptent. Cependant, pour rencontrer Emmanuel, il a encore fallu s'armer de patience. Le village était loin, uniquement accessible en taxi-brousse. Ce dernier nous a conduits de la gare routière de Bobo-Dioulasso à une zone de savane excentrée, à cent cinquante kilomètres de la ville, par-delà les cascades de Banfora et les dômes de Fabédougou. Ces dômes sont un lieu spirituel où certaines ethnies de la région viennent traditionnellement à la rencontre des esprits. Le vent qui s'engouffre entre les roches produit comme des chants sifflés ; les superstitieux avanceront sans hésiter que ces chants sont les paroles fantomatiques d'un au-delà pas si lointain. Un peu plus tard, trois immenses silhouettes signalent le village à l'horizon. En s'approchant on les identifie mieux : il s'agit de trois baobabs séculaires, dont le tronc d'un diamètre colossal peut loger une escouade de petits humains. Les maisons se dressent à quelques mètres. Elles veillent sur les baobabs autant que les baobabs veillent sur la communauté. Emmanuel est là, tantôt sur la place du village, tantôt aux côtés des grands arbres. Toujours très heureux de recevoir l'étranger – comme partout dans ces régions de savane, les gens ont dans leur cœur le même soleil que celui qui illumine le ciel –, Emmanuel est confiant pour raconter l'histoire de sa vie. Il commence par son âge, au moins soixante-dix ans, et répète périodiquement qu'il est le huitième de sa lignée, le huitième gardien des baobabs sacrés. Au décès du dernier gardien, Emmanuel a été choisi par sa communauté pour ses connaissances du milieu et sa capacité à interpréter la volonté des esprits. En étant le protecteur des baobabs, Emmanuel fait office de lien et de courroie de transmission dans sa communauté, il valorise les arbres, accueille l'étranger, nourrit l'équilibre des générations présentes et celui des générations futures qui, probablement, devront assurer la préservation du territoire. Probablement... parce que Emmanuel n'est pas dupe. À quelques pas du village, des monocultures de canne à sucre se sont substituées aux petites parcelles potagères du village. Quantité d'hommes d'affaires chinois viennent faire fortune dans cette région où l'eau est abondante et les sols sont généreux. En Afrique comme ailleurs, les jeunes sont attirés par les grandes villes et souhaitent parfois s'affranchir de l'héritage des anciens. Dans son discours, Emmanuel dit l'amour pour sa terre et ses traditions. Il évoque la fierté qu'il ressent vis-à-vis des personnes de sa communauté, mais aussi ses nombreux doutes et ses peurs les plus viscérales. Il sera peut-être le dernier gardien, et avec lui s'éteindront des kyrielles de symboles, de récits communautaires, de croyances collectives et de pratiques sociales qui, d'une famille à l'autre, d'un frère à une sœur, d'un parent à un enfant, ensemençaient à leur échelle la diversité du monde.

Nous espérons qu'Emmanuel et ses successeurs pourront continuer longtemps à accueillir les voyageurs curieux. Ils sont des professeurs qui énoncent une loi à jamais écrite et pourtant trop souvent oubliée en société : celle qui proclame que le monde est bien plus que de la terre et de l'eau, et que tous ses habitants ont autant besoin de symboles que d'espaces. Les modèles sociétaux propres au tout-urbain, à la compétitivité des êtres et des territoires, ont néanmoins relégué à l'invisible la diversité de ces récits. Nous avons cessé de les appréhender pour ce qu'ils sont : un moteur de valeurs, de connaissances et un héritage commun à même d'infuser dans le monde de demain. Un récit symbolique qui disparaît et c'est le potentiel d'une trajectoire d'émancipation qui s'en trouve à jamais détruit. Toutefois, cette destruction quotidienne peut être contournée. Une autre voie est possible, Emmanuel la montre à tous les visiteurs qui viennent à sa rencontre. Lorsque nous sommes descendus du taxi, il nous a immédiatement invités à nous asseoir, d'abord au pied des trois baobabs, puis à l'intérieur du tronc creusé dans l'un d'entre eux. Ici, dans l'intimité du végétal, Emmanuel nous a raconté et nous avons écouté. Les circonstances de ce moment et le moment lui-même nous ont bouleversés pour toujours. Chaque fois que nous y repensons, la magie du lieu et de l'instant opère inlassablement. Nous comprenons que la relation qui nous unit à l'autre doit également être chargée de symboles, car ce sont eux qui permettent à beaucoup de personnes d'exister et d'être reconnues. Ce sont également ces symboles qui permettent de saisir la diversité territoriale à l'œuvre et les manières de la valoriser encore.

À notre tour maintenant, nous avons envie de communiquer cette richesse. Y être attentif, apprendre à la percevoir et à la dépeindre, fonde en permanence de nouveaux enseignements, de nouvelles sagesses, levains d'un monde à nouveau pétri de sens et d'histoires qui rassemblent.

À la recherche des récits de la relation

Dire la relation semble être une parole aussi ancienne que l'âge des premières communautés humaines. Les peintures de la grotte de Lascaux en témoignent. Elles montrent, déjà à cette époque, combien l'humain se souciait de sa place dans son environnement immédiat. Figuratifs ou non, les divers motifs qui ornent cette grotte dévoilent un univers intime, mettant en scène les représentations symboliques de ce qui préoccupait les communautés préhistoriques. Les chevaux illustraient peut-être la liberté, les taureaux la force, et les mains étaient peut-être l'expression du vivre-ensemble… De Lascaux au monde contemporain, la diversité symbolique s'est exprimée sur tous les territoires, matérialisant la diversité des peuples et des paysages que nous connaissons aujourd'hui. Ces récits territoriaux exposent un ensemble de pratiques qui permettent aux individus de donner un sens à leur vie. Dans les sciences humaines et sociales, nous appelons ces récits collectifs des *ontologies*. Une ontologie, « *c'est le mobilier du monde*[1] » comme le dit avec poésie l'anthropologue Philippe Descola. Ce sont des espaces où se rencontrent, pour mieux se mêler, les pratiques empiriques de la terre et les mémoires du ciel. Chaque culture possède des codes qui lui sont propres, et Philippe Descola a proposé de les répartir en quatre grandes tendances que l'on peut relever à l'échelle internationale : l'animisme, le totémisme, l'analogisme et le naturalisme. Partir à la découverte de ces ontologies est une expérience captivante et envoûtante. C'est une invitation à mieux appréhender la diversité du monde. À l'image de la scène primitive de Lascaux, où s'inventa la lecture autant que la peinture, entrons à notre tour dans la grotte pour explorer les différents reliefs qui s'y dessinent. La diversité ainsi redécouverte procure une nouvelle opportunité sociale et politique de redéfinir l'humanité par le rêve et l'accueil bienveillant de la différence. Que cette source d'apprentissage jamais ne se tarisse !

Ressentir la présence des esprits : les lois de l'animisme

Au cœur de l'Équateur, il existe un peuple qui parle avec les jaguars. Nomades et chasseurs de la forêt amazonienne, les Runa vivent dans un environnement hostile à certains égards et où la menace des prédateurs est constante. Les Runa ont dû s'adapter à ces risques en instaurant des stratégies de communication réciproque avec les jaguars. L'anthropologue Eduardo Kohn, qui a vécu avec les Runa, introduit son dernier ouvrage par une anecdote qui montre la façon dont ce peuple interagit avec les animaux de la jungle[2]. Pendant l'installation d'un campement de fortune, lors d'une expédition forestière, l'un des chefs runa a conseillé à l'auteur de dormir sur le dos. La recommandation était d'importance, car si un jaguar venait à passer, il pourrait alors voir les yeux de l'humain. Selon les Runa, un jaguar qui regarde un humain dans les yeux marque ainsi son respect et sa reconnaissance, comme s'il identifiait l'un de ses congénères, un prédateur comme lui, envers lequel il s'abstiendra d'agressivité. A contrario, dormir sur le ventre pourrait changer la perception du jaguar : en ne distinguant pas les yeux de l'humain, le félin considérera l'endormi comme une proie potentielle. Cette situation vécue a permis à Eduardo Kohn de formuler de nouvelles réflexions à propos des lois de l'habité en Amazonie.

Dans le cas présent, alors que les humains interprètent les comportements du jaguar pour modifier leur manière d'occuper la forêt, le fauve fait de même, il ajuste ses décisions en fonction des représentations qu'il se fait des pratiques humaines. Chez les Runa, la perception des humains influence celle du jaguar et vice versa. De ce dialogue qui unit jaguar et Runa naît une façon unique de voir le milieu que les humains et le félin apprennent à partager par leur communication constituée de gestes, postures et comportements. Cette première observation sera bientôt confirmée par une autre expérience rapportée par Eduardo Kohn : les Runa interprètent également les rêves de leurs chiens. Les chiens qui rêvent produisent toute une gamme de sons durant leur sommeil, ils vivent littéralement leurs rêves, aboient, remuent les pattes, etc. exactement comme s'ils participaient à des événements réels. Les Runa accordent de l'importance aux songes de leurs compagnons canins. En fonction des bruits émis par ces derniers, différentes interprétations leur sont données telles que la promesse d'une bonne chasse le lendemain ou, de moins bon augure, l'arrivée potentielle de lourds nuages sombres gorgés de pluies torrentielles dont il faudra se protéger. Là encore, la perception qu'ont les chiens de leur milieu se manifeste dans des phénomènes interprétés et anticipés par les communautés humaines. De ces expériences plurielles, le chercheur Eduardo Kohn conclut que, chez les Runa, la pensée n'appartient pas qu'aux seuls êtres humains. Elle se structure par un ensemble de relations d'interdépendance qui caractérisent l'habité de chaque être. Pour l'auteur, l'interdépendance entre la façon dont les humains et les non-humains appréhendent leur cadre de vie traduit « *les parties intégrées, mais non interchangeables, d'un récit unique et ouvert* ». Dans ce milieu spécifique, l'humain est distinct et singulier, tout en prenant part à un continuum qui évolue au-delà de lui. Cette interdépendance quotidienne est à l'origine d'un système de pensée qui dépasse de loin l'humain, en l'occurrence une *intelligence sylvestre*.

Les pratiques des Runa sont typiques de ce que les anthropologues ont coutume de nommer les *sociétés animistes*. On trouve ces sociétés partout dans le bassin amazonien, mais également dans le reste de l'Amérique du Sud, sur les terres polaires du Grand Nord et dans nombre de pays d'Afrique de l'Ouest. Si toutes les sociétés animistes possèdent une profonde singularité, elles empruntent toutefois un vecteur commun, soit le principe de collectifs au sein desquels humains et non-humains échangent en permanence[3]. Les non-humains qui structurent les sociétés animistes ne se limitent cependant pas aux seuls animaux et végétaux. En fonction des systèmes de croyances locaux, ils peuvent représenter une cascade sacrée, un cimetière ancestral où les esprits viennent régulièrement se recueillir, un fétiche renfermant l'âme d'une divinité respectée, un fleuve qui rythme les souvenirs collectifs, une pierre, le soleil, les étoiles, le cosmos… Dans ces formes partagées par le groupe, les liens qui unissent les humains aux non-humains revêtent des expressions extrêmement variées, allant de chants sacrés murmurés lors de certaines pratiques à une croyance en la réincarnation de chaque être en une espèce animale ou végétale. Dans la pensée animiste, toutes les créatures sont dotées d'un corps et d'un esprit particuliers. Par son corps, chaque existant est capable de tirer des avantages spécifiques du milieu. Un ravin, par exemple, sera pour le mouton et l'humain un précipice mortel, tandis qu'il offrira aux vautours d'utiles courants aériens ascendants, et de même un habitat favorable aux plantes qui apprécient la verticalité des falaises[4]. Malgré ses singularités physiques, chaque être se donne la capacité de soutenir l'autre par le biais d'échanges spirituels permanents. À l'instar des Runa et des jaguars, les esprits dialoguent, papillonnent même parfois de corps en corps, en fonction des événements et des besoins des sociétés. Il en ressort des solidarités interspécifiques qui procurent à chacun la faculté de subsister dans des milieux parfois inhospitaliers.

Dans un autre contexte géographique, l'anthropologue britannique Tim Ingold a référencé d'autres formes de solidarités interspécifiques propres aux sociétés animistes. Sur les terres englacées du Grand Nord, les peuples Cree sont connus pour être d'habiles chasseurs[5]. Il est courant qu'ils partent par les plaines enneigées en quête de caribous, pour subvenir aux besoins de leurs communautés. Les caribous sont parfois difficiles à localiser, mais comme ils se déplacent en troupeau, il est facile de les tuer une fois repérés. Les Cree ont développé des explications particulières pour justifier leur capacité à chasser rapidement et efficacement le caribou. Ils considèrent que si l'animal est si facile à abattre, c'est parce qu'il s'offre intentionnellement au chasseur, dans un esprit de don. Comme le précise Tim Ingold, chez les Cree, la viande du caribou n'est pas prise à la nature, elle est *reçue* d'elle. C'est notamment au moment de la rencontre, lorsque l'animal campé sur ses positions capte le regard du chasseur, que l'offrande est faite. Ces explications peuvent surprendre le lecteur occidental. Comme n'importe quel être, les animaux sont attachés à leur vie et luttent en permanence pour la préserver. Expliquer la chasse en alléguant un sacrifice volontaire de l'animal peut être taxé de fabulation ayant pour seul but d'excuser l'acte. Pourtant, lorsque nous plongeons dans les croyances du peuple cree, nous accédons à un monde complexe, pénétré d'intentionnalités et de complémentarités entre les êtres. Pour les Cree, ces derniers sont tous captifs de divers types de relations qui conditionnent leur survie. En renonçant à sa vie, chaque être contribue au renouvellement des cycles vitaux. Une vie donnée permet à une autre d'exister et aux équilibres territoriaux de se perpétuer. Tim Ingold rappelle également que, comme de nombreux peuples de chasseurs dans le monde, les Cree font un parallèle permanent entre la chasse et la relation intime qui peut unir un garçon et une fille. La mise à mort est comparée à un acte sexuel, l'un comme l'autre engendrant un seul et même processus – non pas un geste stérile qui met un terme à la vie, mais bien une opération décisive et significative qui, sans cesse, autorise le renouvellement de celle-ci. Dans les sociétés animistes la vie et la mort ne font qu'un, et prennent place au sein d'un unique continuum.

Avoir un double non-humain : le totémisme aujourd'hui

Loin de l'Amazonie et des terres polaires, les aborigènes d'Australie construisent avec les non-humains des relations particulièrement originales et relativement distinctes de celles des sociétés animistes. Le linguiste Carl von Brandenstein, spécialiste mondial des langues australiennes, avait remarqué que, dans le parler aborigène, les relations entre les humains et les non-humains n'étaient pas désignées par des noms d'espèces, mais davantage par des qualités traduisant la place de chacun dans les territoires[6]. Les aborigènes classent donc les humains, les autres animaux, les végétaux, et éventuellement certains lieux, en différents ensembles disposant de qualités physiques et spirituelles communes. Ces ensembles se signalent par un métissage au sein duquel des espèces extrêmement différentes se côtoient en raison de leur aspect, de leurs aptitudes ou de leurs attributs partagés. Ainsi, les représentants d'un même groupe auront des traits plutôt fins ou marqués, ils seront plutôt rapides ou lents, plutôt grands ou petits, plutôt clairs ou foncés. Ces qualités communes forment un totem, c'est-à-dire une représentation à laquelle les individus peuvent s'identifier pour guider leurs choix de vie[7]. Ces mêmes qualités générales permettent aux différents groupes aborigènes de se distinguer les uns des autres, chaque tribu imprimant le territoire de sa singularité.

Les aborigènes d'Australie ne sont pas les seules sociétés totémiques. En Amérique du Nord, les Iroquois, les Sioux et les Lakotas étaient traditionnellement, elles aussi, des sociétés totémiques. Contrairement aux sociétés aborigènes, chez les Amérindiens, chaque individu était relié à un animal totem. Une personne clairvoyante et maligne était apparentée à l'aigle, une autre dotée d'une force physique exceptionnelle était associée à l'ours, et un leader charismatique avait pour frère le loup chef de meute. Dans les sociétés totémiques, c'est l'intégralité des composantes de chaque individu qui est apparentée aux non-humains. Intériorité et extériorité ne font qu'un, et ces complémentarités s'expriment autant dans les façons de penser que dans celles d'aménager l'espace.

En pays gourounsi, par exemple, entre le Sud du Burkina Faso et le Nord du Ghana, des villages attirent l'attention par les symboles et les peintures qui ornent les pans de mur d'un grand nombre de leurs petites maisons circulaires et rectangulaires. Les Gourounsi, anciennes communautés guerrières en paix depuis plusieurs générations, ont acquis au fil du temps une subtile capacité à penser l'architecture de leur village[8]. Les maisons rondes et fortifiées, qui permettaient autrefois de protéger les villages des attaques voisines, sont fabriquées avec des matériaux locaux : de la terre, du bois, de la paille et les déjections du bétail. Récemment, les briques et le plâtre ont en partie remplacé ces ressources traditionnelles. Or, chez les Gourounsi, posséder des vaches est symbole de prospérité et d'équilibre. Détenir un large troupeau confère un prestige certain, et arborer un bijou en corne de vache autour du cou atteste la stabilité et la réussite. Fait plus significatif encore, la décoration des murs de chaque maison est un projet communautaire porté collectivement par toutes les femmes du village. Grâce à des boues de couleur qui ne s'estompent jamais, différents motifs, parfois symboliques, sont représentés. Inspirée par les affres ou les réjouissances du quotidien, et par les élans spirituels, chaque peinture caractérise des éléments génériques qui participent à l'harmonie de la communauté autant qu'elle véhicule les particularités des résidents de la maison. Le lézard, symbole de vie, est portraituré sur la plupart des habitations. Dans la réalité, le propriétaire d'un nouveau toit doit aussi déceler la visite d'un lézard avant d'emménager, car cette visite, opportune en la circonstance, consentira à la maison bénédiction, joie et fécondité. Par extension, le lézard est un animal respecté en dehors des villages. En brousse, lorsque les bergers partent plusieurs jours en quête de fourrage, apercevoir quotidiennement un lézard ravive les cœurs, considérant que la journée se déroulera alors sous les meilleurs auspices et apportera son lot de bienfaits. Celui qui a croisé le chemin du reptile sera plus robuste et plus vigoureux pour surmonter les difficultés des missions journalières qui lui sont confiées. Le serpent, lui aussi, est un animal totem. Son apparentement est accordé aux individus qui font preuve d'un esprit futé et clairvoyant, à l'instar du crocodile, qui incarne la force, la patience et la bienveillance. Dans la mythologie gourounsi, un crocodile aurait, à l'aube des temps, sauvé un ancêtre de la soif en lui montrant le chemin caché vers une étendue d'eau au milieu de la savane. Depuis cet exploit, le crocodile est devenu un animal sacré, protégé et valorisé dans de nombreux rites et fêtes traditionnelles. Les liens aux animaux se retrouvent également chez les Gourounsi dans des formes de défense contre certaines menaces sanitaires. Dans la savane, la vie n'est pas sans danger. Certes, les prédateurs guettent, mais ce sont surtout les moustiques qui inquiètent, car beaucoup ne sont pas exempts du paludisme. Pour se protéger contre le fléau, les communautés ont trouvé une parade en faisant cohabiter humains et chauves-souris à l'intérieur même des maisons. Les chiroptères profitent de l'obscurité des cases, tandis que les villageois comptent sur eux pour gober les moustiques qui pourraient être porteurs de la maladie. En hommage à cette collaboration, des ailes de chauves-souris sont souvent peintes sur les maisons. Cette iconographie figure le lien, l'entraide et un vivre-ensemble hybride permettant de vaincre les problèmes de la vie. Chez les Gourounsi, les interdépendances omniprésentes entre humains et non-humains se matérialisent dans l'évolution des paysages, l'architecture villageoise et quantité de pratiques sociales dans l'agriculture, l'élevage et la chasse, sans oublier les cérémonies traditionnelles. Les Gourounsi prélèvent dans leur environnement moult symboles, couleurs et matériaux constitutifs de leur richesse architecturale et culturelle. En retour, ce patrimoine influence le comportement des espèces qui vivent là. Il émane du cadre de vie des Gourounsi un entrelacs de relations qui agrège tous les humains et non-humains à une trajectoire exclusive, à une destinée commune.

La grande chaîne des êtres : l'analogisme

À son tour, le totémisme est différent d'une troisième manière de considérer l'autre. En Asie orientale, dans certaines communautés africaines et dans les contreforts andins s'exprime une façon de classer les êtres qui, contrairement aux précédentes ontologies, souligne leurs différences physiques et spirituelles majeures. Dans les sociétés dites *analogistes*, chaque existant recèle une énergie intérieure qui lui est propre, tout comme son enveloppe corporelle[9]. Cette double singularité confère à chacun une place unique dans le monde et une manière particulière d'y évoluer. Abstraction faite de l'originalité de chaque individu, les sociétés analogistes ont créé des symboles permettant de cultiver un lien au-delà de l'humain. Tous les existants sont effectivement les maillons d'une vaste chaîne ininterrompue de valeurs, du plus petit des atomes à la plus divine des créatures. Dans cette chaîne, la position de chacun fait l'objet d'incessantes négociations, motivées par l'inventaire des qualités qu'il sera en mesure de montrer aux autres. La classification peut s'opérer par couleurs, considérant que le rouge est au noir ce que la Lune est au Soleil, ce que la Terre est au ciel, ce que le liquide est au solide. Elle peut également s'effectuer par éléments. Dans les croyances chinoises, par exemple, les êtres sont apparentés, selon leur caractère, à l'eau, l'air, la terre ou le feu. Chaque élément est ensuite défini par une place dans le monde. Le feu peut être associé aux difficultés de la vie, tandis que les créatures de l'air peuvent refléter le souhait des divinités. Ce dialogue entre les êtres et les éléments peut s'inscrire dans une perspective de hiérarchisation, mais celle-ci n'est pas forcément de mise. Si toutes les sociétés ont recours à des dynamiques analogistes dans leurs manières de parler et de se représenter certaines couleurs, formes et odeurs, plusieurs ont fait du système analogiste le fondement de leur représentation du monde.

Les Bambaras du Mali sont l'une d'entre elles. Leur société complexe a inspiré de nombreux écrits du penseur africain Amadou Hampâté Bâ, précédemment présenté dans ces pages. L'anthropologue Philippe Descola mentionne que, dans le vocabulaire ethnique des Bambaras, il existe deux mots pour signifier la personne : « *maa* » désigne la personne en tant que telle, tandis que « *maaya* » aurait pour traduction littérale « les personnes de la personne », c'est-à-dire les différents visages que peut prendre quelqu'un au quotidien[10]. Cette façon de caractériser les individus renvoie au mythe fondateur des sociétés bambaras : le dieu créateur aurait conçu l'humain à partir d'un fragment de chaque être peuplant le monde. Ainsi, chaque individu détiendrait en lui une étincelle de l'essence de tous les autres êtres de son environnement. Cette pluralité de chaque humain serait à l'origine de son caractère complexe. En incarnant la multiplicité du monde, l'humain est, chez les Bambaras, pensé comme l'élément central des territoires. Il est un ambassadeur entre les communautés humaines et le reste du monde, il est le commencement et la fin de tout existant.

Les Dogons, autre peuple charismatique des terres maliennes, expliquent également la création de leurs sociétés par une dynamique analogiste. Marcel Griaule, ethnologue érudit amoureux des peuples Dogon, offre dans un passionnant ouvrage d'anthropologie, *Dieu d'eau*, ses entretiens avec le grand sorcier Ogotemmêli[11]. Selon ce dernier, le monde a été créé par une puissance divine qui a envoyé sur Terre des génies façonnés à son image. Et c'est en crachant de l'eau que les génies auraient créé la diversité des paysages qui accueillent aujourd'hui les Dogons. Il découle de ce mythe l'un des éléments fondateurs des croyances dogons : Dieu aurait pétri d'eau la terre, les montagnes, les savanes et les forêts, les humains et les animaux. En pays dogon, l'eau est la source et la fin de toute chose. Elle détermine la complexité de la vie. Plus ou moins apparentés à l'eau, les existants du pays dogon sont dès lors les chaînons d'un lien qui les rattache les uns aux autres, du plus aqueux au plus aride. L'analogisme imprègne également certaines croyances bouddhiques et hindouistes. La notion de karma, par exemple, désigne l'énergie que dégage une personne en fonction des événements qui ont marqué sa vie ; ses rencontres, ses choix et ses décisions gravent sur son âme des traces inaltérables. Selon l'évaluation et la nature de ses arbitrages, l'individu portera en lui des traces différentes, qui trahiront auprès des autres une énergie singulière. Ici, l'analogisme procède à une double projection : le passé d'une personne définit son présent, et sa place dans le présent définit la façon dont elle sera perçue par les autres.

Le naturalisme comme définition des sociétés occidentales

La quatrième ontologie nous semble si familière, en Occident, que nous avons perdu l'audace de la questionner. En instituant une séparation nette sur les plans moral, éthique, politique et spirituel, entre les humains et les non-humains, l'ontologie naturaliste pose des limites que nous avons déjà en partie énoncées. À l'image des politiques de réensauvagement, de l'avenir fracturé des communautés pygmées, et de la concurrence entre villes et campagnes, le naturalisme a rompu des équilibres fragiles. Par ailleurs, dissocier nature et culture n'a pas eu que pour effet d'ériger des murs entre les humains et les non-humains, une autre incidence a été d'autonomiser les codes qui régissent la culture autant que ceux qui commandent la nature. Dans les sociétés occidentales, la nature est devenue une donnée universelle, dont le fonctionnement est expliqué uniquement par des lois chimiques, physiques et biologiques. Défini comme simple objet, le naturalisme a entraîné une hiérarchisation immuable autorisant et justifiant la domination de la nature et son exploitation. Néanmoins, le naturalisme n'a pas eu que des répercussions négatives. En séparant les humains des non-humains, les sociétés occidentales ont mis au point des outils permettant de comprendre certaines lois qui gouvernent l'univers. En isolant les lois du vivant des symboles sociétaux, les rouages du climat ont pu être expliqués et détaillés, tout comme l'activité des sols, le mécanisme de la photosynthèse, celui de la respiration, des naissances, le fonctionnement des saisons, de l'atmosphère, de la Voie lactée… Ces connaissances ont levé le voile de quantité d'énigmes sur ce qui nous entoure, mais le naturalisme nous a fait passer à côté d'une foule d'autres ressources. L'ontologie naturaliste a su, de la même manière, créer un droit spécifique. Le droit de l'environnement, qui réglemente les usages de la nature, s'est imposé dans de nombreux territoires avec des conséquences parfois discutables. En France, le parc national de la Vanoise s'est initialement dédié à la sauvegarde des populations de bouquetins. Une décennie plus tard, grâce aux efforts de protection et aux réglementations sous-jacentes, les effectifs du capriné montagnard avaient sensiblement augmenté. Toutefois, là encore, si la règle a permis de maintenir à distance du site certaines pratiques humaines, elle n'a pas pour autant permis d'assurer un réel avenir à ces animaux, aux humains ou aux écosystèmes alpestres, puisque dans le même temps, des pratiques destructrices ont pu être perpétuées. La volonté régulatrice se heurte comme souvent à la base du système, dérégulé par essence. Or, que signifie une règle si elle ne permet pas de fixer les principes intangibles d'une réalité partagée ? Le naturalisme n'a pu faire entendre une parole qu'en sacrifiant, au nom d'une connaissance subjective du monde, le sens commun d'une société qui se pense par et pour la relation. En cela, il lui a fait perdre un potentiel énorme d'opportunités sociales et culturelles permettant de mieux vivre ensemble.

Ce rapide tour du monde nous permet de comprendre que le naturalisme diffère des trois autres ontologies qui, elles, restent surtout relationnelles. Dans l'animisme, le totémisme et l'analogisme, aucun être vivant n'existe sans les relations qui le soutiennent. Il est l'élément d'un tout qui s'invente au-delà de sa propre corporalité, au-delà de sa propre individualité. Dans les ontologies relationnelles, ce sont les mêmes rapports d'attachement qui garantissent le sens donné aux évolutions sociétales. Ce qui se joue chez les Gourounsi des savanes africaines, chez les Runa des denses forêts tropicales, chez les Cree d'Amérique du Nord et chez les Dogons du Mali, est loin d'être anodin. Nombreuses sont les sociétés qui, contrairement aux Occidentaux, ont su préserver le lien comme matrice de leurs mutations sociétales. Dans ces sociétés d'ailleurs, nature et culture ont toujours été les soubassements solidaires d'un seul et même monde. La culture naît de la nature qui en retour l'influence, elles dépendent l'une de l'autre et infusent constamment l'une en l'autre. Comprendre les relations qui figurent ces trois ontologies nous permet également de régénérer le regard que nous portons sur nos propres organisations, en pointant les déficiences d'une société naturaliste qui sépare plus qu'elle ne rassemble. Malgré tout, ces quatre ontologies principales sont à considérer, tels des points cardinaux, comme de grandes directions qui incitent à mieux théoriser la diversité du monde. Localement, les relations qui s'expriment dans chaque société débordent communément des cadres prédéfinis. Il existe, en effet, dans chaque ontologie des ruptures, des innovations et des personnes en marge. De plus, les ontologies sont enclines à se mélanger pour donner naissance à une diversité nouvelle. Lorsque nous parlons à notre voiture, lorsque nous sifflotons avec les oiseaux, nous nous rapprochons des pratiques animistes. Lorsque nous disons à quelqu'un qu'il a le caractère d'un ours ou qu'il nous évoque un vieux chêne, nous nous rapprochons du totémisme. Lorsque nous opposons une couleur à une autre ou une chanson à une autre, nous pratiquons également l'analogisme. Entre ces quatre ontologies se glissent une multitude de déclinaisons possibles. Ce qui est important ici n'est pas d'affirmer la supériorité d'une ontologie sur une autre, mais plutôt de comprendre qu'une ontologie est une porte d'accès au monde. Elle ouvre sur des sources d'émancipation pour de nombreuses personnes et, bien souvent aussi, sur des sources d'équilibre entre humains et non-humains. Répéter sans relâche ces récits de la diversité, se les remémorer régulièrement, tels les contes au chevet des enfants, permet d'échapper en grande partie à l'uniformité. Raconter ces histoires permet également de nourrir les manières de voir occidentales, en protégeant les générations présentes et futures de pensées toutes faites qui les aliènent. Une meilleure connaissance de l'autre peut nous protéger des tyrannies qui déjà affligent notre quotidien, et fortifier notre esprit pour mieux imaginer les futurs possibles.

L'individualisme occidental est mort

Avant d'aller plus loin dans notre réflexion, il convient de faire un détour par les fondements du naturalisme. Comprendre les sources philosophiques d'une séparation fondamentale entre nature et culture est nécessaire pour fabriquer les outils grâce auxquels nous contournerons cette séparation. Dans nos sociétés occidentales, la scission entre l'humain et le reste du monde s'inscrit dans une longue histoire philosophique qui a cherché, depuis plusieurs siècles, à définir l'essence de l'être humain et l'hégémonie dont il pouvait être le prescripteur[12]. C'est notamment au XVIIe siècle que la pensée philosophique et les systèmes politiques consécutifs ont bouleversé en profondeur la représentation de l'humain. Ce que les historiens appelleront plus tard le *Siècle des lumières* a fait basculer l'humanité dans le dogme, désormais foncièrement ancré, de l'indépendance des individus et de leur supériorité sur le reste du monde. Que ce soit dans l'éducation, dans les manières de penser l'espace, l'habitat, le vivre-ensemble, les politiques publiques ou les relations internationales, la pensée des lumières macère au plus intime des esprits. Dans les sociétés occidentales, nous naissons et grandissons imbibés par elle, sans réellement chercher à la comprendre ou à la questionner. Pourtant, dépasser l'idéologie de la stricte indépendance des individus pour l'enrichir d'une démarche relationnelle permettrait de réformer notre regard sur les problématiques sociales, économiques et environnementales que connaît actuellement l'Occident.

Descartes, pourfendeur de la diversité

Penseur influent de son époque, Descartes a été l'un des représentants prédominants d'un mouvement cherchant à définir l'être humain comme fondamentalement indépendant. Son injonction, « *je pense donc je suis* », en est à la racine[13]. Par cette formule restée célèbre, le philosophe affirme qu'un individu accompli est une personne capable de penser par elle-même, en dehors de toutes les contingences matérielles de son environnement[14]. S'inscrit ici la tradition d'une pensée qui distingue le corps de l'esprit et bouleverse de nombreux équilibres qui furent longtemps le socle de nos sociétés, à savoir des relations symboliques entre les villages et leurs territoires en passant par les piliers de la pensée chrétienne qui prêchait pour un dialogue permanent entre, justement, le corps et l'esprit. Descartes continua toute sa vie la théorisation de l'esprit humain. Il rédigera une thèse sur l'animal-machine, dans laquelle il définit les animaux, et par extension les non-humains, comme des assemblages de pièces et de rouages dénués de conscience, d'esprit et de faculté de penser[15]. En conséquence, Descartes a positionné l'humain comme seul être capable d'élaborer une conception de lui-même et de se projeter dans le futur. En alléguant que *penser* est la compétence déterminante de l'humain, le philosophe participe à l'exclusion totale des non-humains des considérations et des arbitrages politiques et sociaux des humains.

L'individu-roi

L'individu qui, avant Descartes, s'affirmait et se pensait en corrélation avec les contingences du monde s'en affranchit complètement ici. L'individu jadis relationnel est devenu un individu-sujet. Selon la pensée de philosophes ayant suivi l'œuvre de Descartes, ce n'est plus la seule autonomie des individus les uns par rapport aux autres qui est proclamée, mais leur totale indépendance. Car si l'autonomie peut se concevoir à l'intérieur d'un système de relations, l'indépendance, quant à elle, est la négation même de la relation. Elle revient à édifier une forteresse individuelle, à partir de laquelle le monde n'est pensé qu'au travers de sa seule personne. L'indépendance équivaut nécessairement à s'abstraire entièrement des autres, en déclarant au monde que l'on se suffit à soi-même, en criant partout que l'on n'a besoin de l'autre que si cela ne dessert pas directement nos intérêts privés. Ainsi, les individus ont-ils été déracinés des influences plurielles susceptibles de nourrir leur trajectoire de vie[16]. Les ossatures sociales et politiques ont favorisé la structuration de préférences, d'expériences et d'ambitions propres, appuyant des entités personnelles et professionnelles ne cherchant qu'à répondre à des objectifs privés. Les répercussions politiques, sociales et environnementales de cette affirmation ont été particulièrement destructrices. La sacralisation de l'individu a fait naître différentes hiérarchies. D'abord une hiérarchie entre les humains et les non-humains, puisque positionner les premiers comme seuls êtres capables de régir le monde justifie l'exploitation des seconds, participant en cela à des pratiques qui ont fertilisé les crises environnementales que nous connaissons à l'heure actuelle. Ensuite, une hiérarchie entre les humains eux-mêmes, dans la mesure où tous les individus n'ont pas identiquement reçu le statut de sujet, et où les différentes catégories de populations n'ont pas eu accès aux mêmes droits. Hiérarchiser les individus permet toujours d'en moduler l'ordonnancement au gré des intérêts des dominants, en fonction d'éléments aussi divers que les réseaux d'appartenance, les cultures et territoires d'origine de chacun. Des chapitres entiers de l'histoire nous l'ont montré pour les femmes et certains peuples qui, assignés à des catégories, ont fait l'objet d'un droit différencié. Cette réalité ancienne n'en continue pas moins de tendre ses filets aujourd'hui dans plusieurs recoins du monde. Dans bien des territoires et sociétés, il perdure des inégalités juridiques de genre, de classe et de culture qui empêchent l'expression de la diversité et le juste épanouissement de tous. La domination d'un type d'humain sur d'autres et celle de l'humain sur la nature apparaissent comme intimement liées. Elles gravent les deux faces d'une seule et même médaille et consacrent l'individu-roi.

Vers de nouveaux fondements philosophiques : être en lien

Le récit de l'individu-roi reste celui qui a le plus influencé les évolutions sociales et politiques des sociétés occidentales. Toutefois, il n'a pas constitué la seule approche philosophique du temps des lumières et des générations de penseurs occidentaux qui ont suivi. Deux auteurs, notamment, ont distingué une autre réflexion philosophique. Spinoza a plaidé à contre-courant de la théorie de Descartes, en affirmant l'existence d'un mouvement perpétuel entre les corps et les esprits. En soutenant cette idée, Spinoza prône une condition charnelle, profondément liée à la terre, de tout être vivant y compris humain. À l'opposé de Descartes qui voit un individu toisant le monde, Spinoza dessine un statut de l'humain relié au monde par le faisceau des corps, des affects et des sensibilités[17]. Les écrits du philosophe Leibniz complètent ceux de Spinoza[18]. Selon lui, chaque existant, humain ou non-humain, du plus minuscule au plus imposant, du plus insignifiant au plus impressionnant, est l'assemblage d'un corps et d'un esprit qui se nourrissent mutuellement en permanence. Leibniz exploite ce postulat pour formuler une théorie de mise en relation des êtres vivants, qu'il juge appartenir à un *tout* impossible à dissocier ou à fragmenter. Les thèses du logicien allemand, qui relient ce tout à une puissance divine créatrice, restent aujourd'hui inspirantes pour investir la relation dans nos sociétés, car elles permettent de dépasser l'affirmation de la stricte indépendance des êtres vivants, et réintroduisent la nécessité de construire assidûment des relations de qualité avec l'autre. Elles ancrent également la question des relations dans une perspective commune, en assurant que, malgré la diversité des mondes, nous sommes tous les habitants de la même planète. Chez Leibniz, les hiérarchies disparaissent pour laisser place à une avalanche de continuités et de discontinuités entre les êtres, qui se mêlent et s'entremêlent au gré des relations que chacun bâtit au quotidien. Les récits de Spinoza et de Leibniz font pointer une donnée imperceptible, qui offre à l'humanité un sens nouveau : l'individu est acteur d'un réseau de relations complexes, qui non seulement le constituerait, mais permettrait aux peuples et aux territoires une émancipation revisitée.

Assumer la vulnérabilité

En dépit du divorce entre les humains et les autres êtres vivants prononcé par les sociétés modernes, les travaux d'Eduardo Kohn, les villages gourounsi, les idées de Spinoza et de Leibniz, ainsi que les divers modes de vie qui prévalent dans des sociétés d'ici et d'ailleurs, nous fournissent la preuve que nature et culture ont toujours été étroitement liées. S'il est vrai que les humains projettent leur vision du monde sur leur environnement, les ingrédients de la nature demandent aux sociétés d'adapter leurs techniques et parfois même leurs croyances. Tout en évoluant au contact de l'environnement, les paradigmes humains font évoluer ce dernier en retour. Dans l'observation de certaines scènes de par le monde et dans les écrits de Claude Lévi-Strauss[19] ou de Philippe Descola[20], il ressort de la compréhension des sociétés occidentales et non-occidentales, un vif sentiment d'interdépendance aux autres individus et aux milieux. Car les humains comme les non-humains sont fragiles et vulnérables, ils survivent et s'émancipent par les relations qu'ils savent construire au quotidien. Ces relations déterminent des événements, ces événements des histoires et ces histoires façonnent les sociétés. Dominés et dominants, majorité et minorité, humains et non-humains, toutes ces catégories ont en commun cette vulnérabilité. Des microbiotes qui nous aident à digérer et nous protègent de certaines infections, à la nourriture dont nous approvisionnent les écosystèmes, en passant par la main tendue d'une mère, d'un père ou d'une communauté pour signifier amour et confiance, nos individualités ne sont que l'addition des relations qui nous entourent. Seuls nous ne sommes rien.

Écouter les montagnes

Cette mise en relation indissociable de notre vulnérabilité commune s'illustre au travers des nombreuses fonctions sociales que nous exerçons au quotidien. Le berger et son bétail forment l'une des figures qui incarnent ces dynamiques de vulnérabilité. Perché sur une colline, regardant loin, le pâtre gère son troupeau au gré des phases de nourrissage et de digestion de celui-ci. C'est un petit homme dans un paysage immense, sans plus d'aide que celle de trois gros chiens. Les profondeurs de l'horizon ont affûté son regard et les crêtes sillonnées des jours entiers ont musclé ses jambes. Il lutte contre le soleil qui darde ses rayons et contre le vent ébouriffant. Le combat semble vain, mais lui est là. C'est que ce bipède, dont le regard domine de plusieurs dizaines de centimètres celui de ses compagnons à quatre pattes, est le complément idéal de ces derniers. Le berger est celui qui voit loin, qui sait indiquer le ravin, l'obstacle ou le prédateur mortel par un simple sifflement. Les chiens l'aident par leurs déplacements incessants et en balayant les parages de leur truffe ultrasensible. Ils sont un symbole, fondent une amitié, s'offrent en sentinelles pour alerter des dangers de la montagne, déceler les prédateurs qui guettent subrepticement les faiblesses du troupeau. Sans les compétences croisées du berger et des chiens, le troupeau ne pourrait pas survivre en montagne. Réciproquement, le troupeau confère au berger d'exister : sans les moutons, il ne fréquenterait pas ces altitudes dangereuses par nature, mais qui deviennent néanmoins praticables grâce aux sentes dont les troupeaux biffent les versants par leurs passages répétés. Chaque acteur de cette pièce est le maillon fondamental d'un lien de survie qui va du mouton au chien en passant par l'humain, et permet de sortir des frontières consubstantielles à la condition de chacun. En montagne, le berger n'est pas qu'un humain, il devient un membre à part entière du troupeau, tandis que les moutons y transcendent leur seule place pour devenir les voisins et les appuis du berger. En montagne, face à leur fragilité commune, le berger et le mouton se définissent l'un par l'autre et l'un pour l'autre[21].

La vulnérabilité s'exprime également dans les frêles dynamiques relationnelles qui unissent les individus à des lieux. L'anthropologue Tim Ingold parvient à poser sur ce thème des mots pertinents. En utilisant la métaphore d'une maison – qui peut, tour à tour, représenter l'intimité d'une chambre, un quartier, un village, une région ou un pays –, l'auteur explique à quel point l'environnement conditionne en partie la façon dont nous viennent nos premières impressions et compréhensions du monde[22]. Un paysage en arrière-plan, un toit de lauze ou un appartement citadin constituent des milieux singuliers, qui édifient les premiers théâtres de nos influences. Selon l'auteur, les choses et les objets des territoires sont des compagnons de route auxquels nous attribuons des valeurs d'affectivité et d'amitié. Nous leur imprimons une marque et, en contrepartie, ils estampillent notre cœur de leurs propres singularités. Retourner voir la maison de son enfance après en être resté éloigné quelques années est un moment d'intense émotion. Les détails les plus insignifiants, une tache de rouille sur la barrière, rappellent à notre mémoire sensorielle des moments vécus et partagés, précieusement conservés au fond de nos esprits comme des petits trésors. Sûrement avons-nous tous déjà associé quelques bonheurs à un petit bracelet de perles, un souvenir de vacances en famille ou un collier tressé marquant une rencontre inattendue. Il en va de même d'un rocher où il fait bon aller méditer quelques pensées, d'une forêt apprise et connue par cœur après des heures incalculables passées à y jouer avec les amis de toujours. Tous ces moments embrassés ensemble sont comme des grigris, et aussi des tatouages indélébiles sur nos âmes et dans nos pensées. Ce sont ces relations bilatérales entre humains et objets que le sociologue Hartmut Rosa caractérise comme « *partie intégrante de [notre] expérience vécue quotidienne, de [notre] identité et de [notre] histoire*[23] ». En ce sens, notre personnalité s'étend vers le monde des choses, et les choses à leur tour habitent notre personnalité. Elles et nous sommes l'un et l'autre à la fois ; notre proche environnement nous appartient autant que nous lui appartenons.

Les caractéristiques d'un territoire s'étendent également en des temps qui ont tendance à dépasser la seule vie humaine. Il y a un certain sentiment de vertige et d'humilité à songer que nous sommes dépossédés d'une partie de nos vies. En effet, nous mettons nos pas dans ceux de générations de penseurs et d'acteurs qui ont jadis frayé des chemins, édifié des villages, célébré sur les places publiques quelque événement enraciné dans l'histoire des lieux. Des idéologies sont nées de leur manière d'être au monde, qui ont traversé les époques auxquelles ils ont appartenu, fait évoluer les territoires et leur ont simultanément conféré une continuité avec l'histoire, mais aussi des caractéristiques nouvelles. De nos jours, maints témoignages de leur héritage se distinguent encore dans les paysages. Les territoires de nos vies sont ainsi façonnés par des prédécesseurs que nous ne rencontrerons jamais, mais dont le legs impacte quotidiennement nos comportements vis-à-vis de ce qui nous entoure. Les fantômes nous invitent sans cesse à considérer notre présent. Inversement, par notre vécu du territoire, nous contribuons à notre tour à le changer et à jeter les fondations des conditions d'existence de ceux qui nous succéderont. Pour qui en doutait, nos vies ne sont effectivement qu'un passage. Elles initient des liens et des relations invisibles entre les territoires d'hier et ceux de demain, entre le passé et l'avenir, entre le présent ici-bas et un au-delà ignoré.

Forger l'âge du vivant

Les travaux de la philosophe contemporaine Corine Pelluchon permettent de mieux comprendre les dynamiques de vulnérabilité propre à chaque être vivant. Elle rappelle qu'il existe trois dimensions inhérentes à la vie[24]. Pour la philosophe, vivre est nécessairement *vivre de*[25] différentes ressources et projets, qui finiront par traduire un itinéraire de vie singulier. Vivre requiert également de *vivre avec*[26] la pluralité des êtres qui coexistent avec nous dans un environnement donné. À l'image du berger des hauts plateaux alpins ou pyrénéens, nous avons la responsabilité de plusieurs existences au sein de la nôtre, autant que de nombreux êtres vivants ont la responsabilité de notre propre existence dans la leur. Nos gestes, nos actes, dictent par effet de miroir les conditions de vie, pour le meilleur et pour le pire, des êtres qui nous entourent. Par extension, vivre construit donc inévitablement un *vivre pour*[27], pour les autres et pour les générations futures. De cette intériorisation dépend l'émergence de ce que l'auteure appelle *l'âge du vivant*[28]. Une ère nouvelle où le lien à la vie « *ne définit pas une morale se résumant en devoirs et en interdictions* », mais « *relève d'une philosophie du sujet lié à une nouvelle conception de l'être humain* ». En plaçant la diversité de la vie comme valeur normative et la relation à l'autre comme nouveau cadre d'action politique et sociale, nous nous donnons la possibilité de porter cet âge du vivant. Penser ainsi le développement des communautés humaines accorde également de s'affranchir d'une sur-individualisation des sociétés pour davantage concentrer la pensée et l'action sur les liens qui peuvent nous unir les uns aux autres. Définir l'être humain par la vulnérabilité revient infailliblement à acter notre besoin quotidien d'eau, d'air, de la terre, de nourriture, d'espace, de stimulations intellectuelles et sensibles, d'adaptation à l'autre et pour l'autre, d'apprentissage du passé et de projection dans le futur. De fait, cela souligne le caractère toujours relationnel de nos parcours de vie. Porter la vulnérabilité, c'est porter un monde plus éco-centré, et faire entrer l'intégralité du vivant à la fois dans la matrice des connaissances et dans les arbitrages sociétaux. Dès lors, poser comme principe universel que tout être est vulnérable, et que chacun a besoin au quotidien d'un flot de relations pour s'adapter à la vulnérabilité, conditionne une nouvelle manière de vivre avec l'autre. La vulnérabilité ainsi appréhendée et construite devient un véritable terreau pour les sociétés. Elle est un soutien pour le fragile, un appui pour l'hésitant, un guide pour l'aveugle, une médiation entre un soi délicat et mortel et le monde qui s'étend à l'extérieur. Elle permet également d'inscrire les sociétés dans une lutte permanente contre la précarité des êtres et des mondes et, conséquemment, de questionner nos propres humanités.

La rencontre, premier pilier de la relation

Nos cheminements intellectuels et personnels nous ont donné l'intime certitude que nous marchons sur des terres arides ou dans d'accueillantes forêts, et qu'une rencontre apaisée et émancipatrice constitue un objectif commun et partagé. Oser s'en faire le portefaix exige un grand courage, la rencontre est un chemin vertigineux requérant une énergie constante, mais qui vaut cependant d'être emprunté. À l'arrivée se dégage la possibilité de réconcilier la diversité des peuples et des territoires. S'outiller avant de partir est toutefois nécessaire si l'on veut glaner sur les pistes du monde les apprentissages nécessaires à une existence pleine et sereine. Avant de franchir le seuil de la maison et de se lancer dans ce formidable périple, la préparation reste une étape essentielle : tel un sherpa qui part affronter les reliefs mordants de la montagne népalaise, organiser un tel voyage exige un paquetage solide, dont les différents sacs et baluchons, par leurs contenus, constituent les piliers sur lesquels s'appuyer. Ce paquetage est parallèlement le miroir de ce que nous sommes et la facture de notre regard sur l'autre, il est à la fois un jugement que nous recevons et un jugement que nous émettons. Le premier bagage de notre paquetage reflète le cœur même de notre être. Nous naissons quelque part et commençons notre vie d'un endroit particulier. Nous avons des parents pareillement équipés, vecteurs d'une culture et de codes qu'ils projettent sur nous par le biais de l'éducation. Forcément particulière, cette dernière influencera nos premières perceptions du monde. Nous grandissons également dans un territoire dont la terre, que nous foulons et ressentons, conditionne nos actions initiales et une manière unique d'appréhender le monde. Nous en tirons une langue, des comportements et un regard sur l'autre. Nous gardons de la terre de notre enfance et de notre noyau familial des souvenirs nostalgiques, des envies et des regrets mais, dans tous les cas, ils nous restent à jamais gravés dans l'âme et le cœur. Ils sont pour nous un inaltérable fragment de vie, la première facette de notre identité. Le deuxième bagage se remplit au fur et à mesure de nos pas. Nous sélectionnons chacun un chemin, différent ou non, se dirigeant vers un horizon particulier. Cette deuxième facette de notre identité est cette fois volontaire et réfléchie. C'est une piste semée d'embûches, qui a néanmoins la vertu de peupler nos existences de désirs, de rêves et d'espérances. Certes, elle ne nous laisse aucun répit, mais elle nous donne chaque matin le souhait de poursuivre le trajet. Chaque matin, elle nous offre la possibilité d'accomplir un acte de foi. Notre troisième bagage, enfin, est une lourde charge, de celles qui nous harassent exagérément parfois. C'est le regard que les autres projettent en permanence sur nous, où que nous allions, le regard qui découle des vibrations d'un monde qui nous valorise ou nous déteste. Cette troisième facette de notre identité puise dans ce que la société attend de nous. Les rivières et les ruisseaux qui nous irriguent sont les stigmates que la société imprime sur chacun de nous et les catégories dans lesquelles elle nous classe. Au moment du départ, nous n'avons d'autre choix que d'emmener avec nous ces identités plurielles mais, chemin faisant, nous avons l'occasion de faire halte dans des endroits qui nous ressourcent, accueillis et rejoints par d'autres. Dans ces endroits, nos identités respectives dialoguent et s'hybrident pour faire entendre une mélodie à l'unisson. Imaginer la coexistence de ces multiples identités, c'est explorer un dédale de couleurs, de senteurs et de sonorités hétéroclites, à l'image des souks de Fès et de Marrakech. Des langues différentes résonnent dans nos têtes, notre attention est captée par un océan d'objets et de lumière. Des havres chaleureux apparaissent à intervalles réguliers. Ils nous ouvrent leurs portes, nous protègent et régénèrent nos forces. Ces refuges, c'est le réconfort d'un proche, la confiance d'un pair, une rencontre qui ravive des possibles… Grâce à eux, nous pouvons surmonter les étapes difficiles d'un parcours. Le doute et des reproches peuvent également joncher le chemin, parfois barré de portails clos que l'on peine à ouvrir. Dans ces moments, il arrive que nous nous sentions perdus ou, au contraire, qu'un vent de liberté nous enivre par toutes les histoires qu'il nous souffle. Ces moments objectivent l'essence de la rencontre : des récits différents se combinent, les opportunités de voyage s'accroissent et les chemins peuvent changer de direction. Reprendre la route est alors comme une nouvelle promesse. Le poids de nos bagages, leurs formes et les récits qu'ils renferment en ressortent transformés ! S'il persiste des conflits dans ce barda, et que certains objets se sont cassés ou ont été égarés, nous éprouvons que notre monde s'est enrichi de la diversité qui nous a été transmise. Nous repartons alors avec force et détermination sur les voies au bout desquelles nous attend un foyer douillet. Nous sommes arrivés et à la fois revenus. Revenus remplis d'une richesse intérieure neuve, qui ajoute à la complexité de nos identités. Grâce à nos rencontres, nous avons pu ouvrir des brèches dans les frontières à l'intérieur desquelles nous avions pris nos aises, et qui nous empêchaient souvent de comprendre réellement la différence. Partir à la rencontre de l'autre, c'est demander au monde d'abreuver nos vies de relations saines et apaisées.

Ce fossé qui nous sépare de l'autre

Rencontrer l'autre revient à sauter dans l'inconnu. Dans l'appréhension de la différence résident, de fait, des difficultés majeures qui nous tiennent en haleine de la première à la dernière étape de notre vie. Si nous apprenons dès le plus jeune âge à décrypter certains traits chez les personnes que nous rencontrons, les outils intellectuels que nous utilisons sont, la plupart du temps, très rudimentaires. Définis par une culture et des codes précis, et aussi par une classification du monde en quelques catégories sociales principales, ces outils nous interdisent communément de penser l'évolution constante des identités. En conséquence, les identités qui composent l'autre restent quasiment insaisissables. Vivre dans l'impossibilité de connaître vraiment l'autre est habituellement source d'un inconfort latent, et peut même matérialiser la crainte d'un rejet, la peur de la confrontation, d'une mécompréhension, voire d'une incompréhension face à un univers qui nous est étranger. Une rencontre mal pensée et mal effectuée, martèle l'académicien Amin Maalouf, peut contribuer à tuer les identités propres à chacun : la confrontation identitaire entre ce qu'un individu pense être et la case dans laquelle le range la société se traduit généralement par des heurts et des malheurs susceptibles de déboucher sur des conflits violents entre les peuples, les territoires et les États[1]. Les binationaux sont ordinairement la proie de ces crispations identitaires. En les sommant de choisir une identité parmi toutes celles qu'ils incarnent, la société les déchire par les tensions qu'elle leur impose. Pour répondre à ces crispations identitaires, nous essayons de nous rassurer en catégorisant l'inconnu, en projetant sur lui des éléments de compréhension et des représentations du monde hérités de notre propre éducation et de nos propres expériences, couramment lacunaires et extrêmement codifiées. Au premier abord, la rencontre se joue dans des allers-retours incessants entre des dynamiques antagonistes : une dynamique de fixation du monde portée par la peur, et une dynamique de mouvement qui met en relation nos différentes identités et accepte la pluralité. Apprendre à anticiper cette double dynamique permet d'installer un rapport plus aisément transparent et ouvert à la diversité.

Parler pour reconnaître l'autre

La langue est probablement ce qui conditionne la première manière que nous avons de décrire et de qualifier les existants du monde. La langue a pour mission de mettre en mots l'espace, de le rendre intelligible, et de permettre aux individus qui l'habitent de se repérer dans ce qui autrement serait un chaos. Elle est également la porte d'entrée primordiale aux attitudes prescriptives des individus[2]. Par elle, nous affirmons un monde classé selon certains critères, éventuellement hiérarchisé, basé sur des observations qui ne sont pas obligatoirement partagées par tous. La langue nous dit beaucoup du système de représentations du monde dont nous nous faisons la caisse de résonnance. Par exemple le terme *inuit*, qui désigne certaines communautés des terres gelées de l'Arctique, signifie « humain » dans sa langue d'origine. En réduisant leur définition du monde des humains aux confins de leurs territoires, les Inuits ont construit un imaginaire et un langage uniquement au travers des existants qu'ils connaissaient concrètement. Dans leur langage, les frontières de l'humanité s'en tenaient à leurs propres communautés. Le jour où le Groenland accueillit d'autres populations, cette catégorisation perdit son sens initial et la signification du mot évolua, spécifiant finalement aujourd'hui la seule population inuit. La langue est ainsi rattachée à des représentations de notre environnement et de nous-mêmes. Il suffit que ces représentations se déconnectent de la réalité pour que la langue devienne problématique, en sclérosant une situation qui n'est pourtant plus d'actualité. Dans notre société contemporaine, l'écriture inclusive procède de cette même exigence de l'évolution d'un parler qui ne correspond plus à la diversité des individus composant la société. Les non-humains aussi sont, plus qu'à leur tour, victimes d'une dénomination qui les marginalise. Dans les sociétés occidentales, il est fréquent que nous décrivions les animaux comme des *bêtes*. Le mot n'a rien d'anodin, puisqu'il associe dans la langue française deux significations qui finissent par se confondre : la *sottise* et le non-humain. À l'inverse, imposer une langue venue d'ailleurs à une communauté garantit de déraciner tout ou partie des relations qu'elle a su construire avec le milieu. Autrefois, en patois béarnais, il n'était pas rare d'appeler l'ours *Monsieur*. L'animal était apprécié et valorisé dans les mœurs collectives de l'époque. Si des conflits pouvaient évidemment survenir entre les ours et les humains, la coexistence n'en était pas moins acceptée, voire folklorisée dans maintes fêtes traditionnelles, récits racontant le territoire, chants et représentations artistiques. Le français imposé de Paris aux Béarnais a privé ces derniers de l'une des expressions de la relation qu'ils entretenaient avec les Pyrénées : un idiome qui avait la capacité d'intérioriser dans ses sonorités, ses mots et expressions, la qualité de tous les êtres vivants du territoire. Dans le Béarn, imposer le français fut une entreprise de musellement. Les Béarnais savaient faire parler les montagnes, tandis que le français, en bien des lieux, réduit au silence les paysages et les vivants qu'ils hébergent. Nos langages peuvent figer, désunir, couper le lien, être de véritables remparts à la compréhension de la complexité d'une personne ou d'un collectif. Mal utilisés, ils peuvent détruire la pluralité. Définir un nouveau lexique peut néanmoins permettre de créer une relation inédite avec l'autre et de prendre conscience que notre langue véhicule la première des clés pour accepter la profusion des identités.

Des histoires qui séparent

Les récits collectifs qui fondent nos imaginaires sont remplis d'histoires de défiance et de murs infranchissables. Les non-humains y sont généralement présentés comme des ennemis. Depuis des temps anciens, le loup, l'ours, le lion et les chiens figurent, dans certaines cultures, des bêtes monstrueuses dont la férocité est mise en scène dans des contes et légendes poignants et effrayants. La bête du Gévaudan, le loup du Petit Chaperon rouge, ou encore Cerbère, le chien à trois têtes gardien de l'entrée aux enfers, en sont d'éminents symboles. Étrangement, à contre-courant de ces histoires sanglantes, d'autres fables font de ces mêmes animaux des êtres positifs, à la lumière de leurs complémentarités avec les communautés humaines. Ces histoires témoignent que les humains peuvent associer des qualités et vouer de l'admiration à certaines espèces. Le mythe de Romulus et Rémus, les fondateurs de Rome, rapporte que deux jumeaux, abandonnés en forêt par leur famille, ont été recueillis par une louve et élevés au cœur d'un monde sauvage. Auprès de la meute, les jumeaux finiront par acquérir la force de leur mère adoptive et toutes les qualités qui feront leur destinée politique. Du rejet à l'admiration, les animaux dits *sauvages* renvoient, dans les imaginaires collectifs, au rapport ambivalent que nous entretenons avec la différence. Ces contradictions cachent en soubassement des sentiments profonds et solidement ancrés. La puissance et le charisme des loups, des ours et des lions nous renvoient bien souvent à une condition humaine modeste, fragile, vulnérable et remplaçable. Rencontrer le loup, c'est ainsi faire face à notre propre mortalité. Joints à ceux qui promeuvent la compétitivité des territoires, des individus et des collectifs, ces récits mythologiques structurent finalement des modalités de coexistence concurrentielles et violentes entre humains et non-humains : consommer les ressources de l'environnement, habiter les espaces, accéder à l'ombre des forêts et à l'eau des rivières, se transforme en une guerre impitoyable contre le non-humain pour asseoir la suprématie humaine. Déconstruire ces récits, qu'ils soient empreints d'idéalisme ou de férocité, est nécessaire pour encourager et faciliter le développement des contacts avec l'autre, sans l'ombre d'un imaginaire qui le travestisse.

La beauté est une domination

Erronées pour la majorité d'entre elles, les représentations que nous affectons à l'autre conditionnent la mise à distance politique entre les communautés, humaines comme non-humaines. Nos façons d'aménager l'espace et d'être au monde sont la manifestation concrète de cette défiance. Dans l'œuvre de Buffon, un texte illustre la peur suscitée par le sauvage. Pourtant amoureux de la nature, il parle en ces termes de certains écosystèmes qu'il juge néfastes à la beauté des paysages : « *La nature brute est hideuse et mourante ; c'est moi, moi seul, qui peut la rendre agréable et vivante : desséchons ces marais, animons ces eaux mortes en les faisant couler, formons-en des ruisseaux, des canaux ; employons cet élément actif et dévorant qu'on nous avait caché, et que nous ne devons qu'à nous-mêmes ; mettons le feu à cette bourre superflue, à ces vieilles forêts déjà à demi consommées ; achevons de détruire avec le fer ce que le feu n'aura pu consumer : bientôt, au lieu du jonc, du nénuphar, dont le crapaud composait son venin, nous verrons paraître la renoncule, le trèfle, les herbes douces et salutaires ; des troupeaux d'animaux bondissants fouleront cette terre jadis impraticable*[3]. » Buffon a été le premier à soutenir une maîtrise de la nature toujours d'actualité. On observe partout le goût des humains pour une nature transformée et docile, dans le moindre des espaces et dans la plupart des cultures. L'historienne des sciences Valérie Chansigaud rappelle que l'art des jardins, en Inde, en Chine, au Japon, ainsi que dans le monde arabo-musulman, participe à une recherche commune visant à contrôler et dominer les forces de la nature, afin de la convertir en lieux qui répondent davantage aux imaginaires que les humains se font d'elle[4]. Les espaces sauvages se muent alors en jardins aseptisés, où les lois de la perspective et les agencements mathématiques priment sur l'épanouissement des êtres vivants. Les jardins ne sont donc pas appréciés pour leurs qualités écologiques, mais pour le cadre rassurant qu'ils accordent et les loisirs qu'ils autorisent. Les jardins à la française, pourtant très valorisés dans l'imaginaire collectif, nous renvoient une image de tristesse. Conçus et mis en œuvre de la sorte, les jardins ne cherchent à se relier qu'à la seule dynamique du plaisir esthétique, au détriment d'une compréhension de la nature démultipliée par nos cinq sens. Les jardins à la française nous donnent aujourd'hui l'impression d'être des temples silencieux, familiers et immuables, reflet de l'insatiable jouissance de l'humain à dompter et à triompher. Les sciences agronomiques également utilisent le terme d'*amélioration* pour indiquer la volonté chronique de sélectionner espèces et semences à l'aune de leurs propriétés particulières. Une amélioration jugée nécessaire pour une agriculture moderne qui se soucie du bien-être au travail de ses acteurs, de la résistance aux ravageurs et de la production d'aliments riches pour la santé. Valérie Chansigaud qualifie cette course à l'amélioration agronomique de « *preuve d'un orgueil magnifique : les croisements et la sélection améliorant ainsi les espèces sauvages en les transformant en des variétés cultivées*[5] ». De nos jours, les OGM parachèvent le panel d'outils dont les humains tirent parti pour asservir la nature. En modifiant les gènes des plantes au stade de la semence, l'humain s'arroge d'intégrer dans ses cultures des caractéristiques que la plante seule ne serait en mesure de lui offrir. Cette volonté endémique d'assujettir la nature entraîne une hiérarchisation des espèces en fonction des bénéfices qu'elles peuvent apporter aux populations humaines, mais également en fonction des divers symboles dont l'histoire les a affublées. Nos liens à la nature sont à l'image de l'art des jardins, appréciés lorsqu'ils correspondent aux schèmes culturels dominants. Au final, la peur excessive de la nature en tant que sauvage soumet l'action des humains à des processus de domination et d'exploitation mortifères[6]. Savoir dépasser des représentations figées du monde devient impératif pour s'ouvrir à des modes de vie plus respectueux de la diversité, et retrouver enfin le goût d'une culture ouverte à la différence.

Renouer avec la pluralité du monde

Vivre en relation exige de nous un mouvement perpétuel, puisque la relation n'est jamais acquise ni accordée d'avance. Nous pouvons intérioriser l'interdépendance sans la pratiquer, la comprendre tout en la négligeant dans les projets sociétaux. Pour être réellement vécue, la relation doit être nourrie d'interfaces quotidiennes, de compréhension mutuelle, de termes et de codes nouveaux aptes à nous relier et à nous permettre de dialoguer pleinement avec la différence. À l'instar du penseur des *mondes caribéens* Malcom Ferdinand, nous aimons voir ce mouvement comme une forme de retournement[7]. Un retournement de soi qui autorise à quitter sa trajectoire individuelle pour la rendre perméable à celle des autres. Un retournement qui déstabilise en permanence nos postures et notre positionnement en société. Se retourner, c'est crier au monde que nous vivrons ensemble en tendant la main et en nous payant de sourires, en observant avec bienveillance la vie de l'autre dans sa complexité et son foisonnement, en affirmant que la vie de l'autre nous concerne autant que la nôtre le concerne. Dans le mouvement, nous offrons à nous-mêmes et à l'autre un aller simple vers la différence, un vol vers le monde et ses altérités, vers les territoires et leurs diversités. Se retourner, c'est porter l'espoir d'un horizon cosmopolite partagé. C'est s'engager dans une quête collective de quelques ressorts communs qui portent en eux la capacité d'enrichir les vies et les espaces d'une poésie nouvelle.

Adopter un regard ouvert sur le monde

Les Yanomami, une communauté résidant au cœur de la jungle amazonienne brésilienne, sont réputés pour leur manière de représenter la forêt. Les arbres sont dessinés avec beaucoup de rondeurs, mis en couleurs et complétés de traits ondulatoires émanant de leurs branches pour aller relier le ciel. Les racines sont également tracées en continuité avec les branches, qui semblent autant monter de la terre que descendre des cieux. Dans les dessins des Yanomami, chaque chose en alimente une autre, et l'arbre dégage ainsi une certaine harmonie paysagère. Après comparaison des dessins yanomami avec l'iconographie des sciences occidentales, cette dernière fait l'effet d'un glas. Un botaniste d'école occidentale proposera un dessin d'un tout autre aspect : en essayant de figurer les contours de l'arbre avec l'exacte précision de ce que perçoit l'œil du savant, les chercheurs occidentaux restent centrés sur les caractères physiques de l'arbre et omettent de s'aventurer vers d'autres types d'interprétations, pourtant susceptibles de signifier la place que nous accordons aux arbres dans nos sociétés[8]. Si les deux représentations du végétal révèlent des facettes distinctes, recelant chacune une vérité propre, elles traduisent aussi comment nos systèmes de création de connaissances contraignent notre façon de voir l'autre et d'interpréter ses caractéristiques. En Occident, nous éprouvons des difficultés à mettre les éléments que nous observons en relation les uns avec les autres. Ce faisant, nous contribuons à produire des savoirs incomplets. Edgar Morin est sûrement le penseur contemporain qui a le plus vivement critiqué les manières occidentales de créer de la connaissance. La dualité entre nature et culture a creusé un fossé entre les sciences fondamentales et les sciences humaines, à leur tour divisées en une ribambelle de disciplines cultivant toutes des méthodes de création de connaissances segmentées et relativement hermétiques aux autres disciplines. La classification occidentale des connaissances, en disciplines séparées qui toutes se prévalent d'une forte singularité, a pour conséquence, selon l'auteur, de cloisonner les différentes sources de connaissances[9]. Cette hyperspécialisation des universités, des penseurs et des approches scientifiques provoque, selon Edgar Morin, une *chosification* des objets étudiés, qui conduit à une rupture décisive des relations de ceux-ci avec le reste du vivant, le reste des lois physico-chimiques de l'univers et le reste des symboles que certains individus leur attribuent. Le dessin du botaniste en constitue un exemple flagrant : ce n'est pas son observation de l'arbre qui l'incite à le dessiner ainsi, mais bien un schéma de représentation de l'arbre issu d'une connaissance spécialisée et inculquée par ses pairs. Le botaniste est influencé par des schémas qui le précèdent et nient des problèmes sociétaux et d'interprétation du monde qui, pour être compris au mieux, requièrent que plusieurs disciplines se chevauchent. Tel le botaniste qui dessine, nous avons tous tendance à penser et à agir en silo, alors qu'un surcroît d'interdisciplinarité, dont Edgar Morin est l'un des défenseurs notoires, permettrait d'ouvrir des voies à un enrichissement des connaissances. Le regard naïf d'un chercheur qui ne connaît pas encore les obstacles d'une discipline avec laquelle il va croiser sa spécialité permet l'élaboration de visions nouvelles, parfois à raison, pouvant éclairer de nouveaux phénomènes. Lewis Mumford, historien des sciences et grand amateur de Darwin, disait de l'éminent naturaliste qu'il « *avait échappé à cette spécialisation unilatérale professionnelle qui est fatale à une pleine compréhension des phénomènes organiques [et que] pour ce nouveau rôle, l'amateurisme de la préparation de Darwin se révéla admirable*[10] ». Il n'avait, en effet, reçu aucune formation universitaire spécialisée. Et Mumford de poursuivre que « *même, en tant que biologiste, [Darwin] n'avait pas la moindre éducation antérieure, sauf en tant que chercheur passionné d'animaux et collectionneur de coléoptères. Étant donné cette absence de fixation et d'inhibition scolaire, rien n'empêchait l'éveil de Darwin à chaque manifestation de l'environnement vivant*[11] ». Cet éveil particulier au monde, dénué de l'influence des cadres établis par sa discipline, a permis à Darwin de formuler des observations et une théorie révolutionnaires, dont le succès concourt pour les siècles des siècles.

Penser l'interdisciplinarité demande ainsi de sortir des cadres intrinsèques des grandes théories scientifiques pour aborder le monde avec un regard neuf. En reprenant nombre d'ouvrages classiques de son champ d'études, l'anthropologue Éric Chauvier émet en ce sens une critique essentielle de la manière dont sont caractérisées certaines pratiques sociétales chez de nombreuses communautés[12]. En montrant du doigt le projet globalisant des sciences humaines, il invite à renouer avec une *anthropologie de l'ordinaire*, une façon d'appréhender le monde qui s'intéresse davantage aux trajectoires de vie des individus, dans leur pluralité et leur singularité, qu'aux structures sociétales dans leur ensemble, desquelles devraient découler toutes les pratiques communautaires. Pour illustrer son propos, Chauvier cite notamment les travaux de Maurice Godelier, connus à juste titre pour leur apport extraordinaire à la compréhension de la diversité humaine[13], partant de l'exemple des Baruya. Dans les communautés de ce peuple des forêts humides et des lagons turquoises de Papouasie-Nouvelle-Guinée, les cérémonies de passage de l'adolescence à l'âge adulte sont marquées par des relations sexuelles entre jeunes hommes. Cette coutume constitue l'un des fondements de la société baruya, et a pour objectif de construire la virilité des jeunes garçons durant leur éducation. Dans ses travaux, Maurice Godolier a qualifié cette pratique comme relevant d'une *homosexualité rituelle*. Bien qu'elle soit très ancrée dans les traditions locales, l'homosexualité normalisée sous forme de rituel invite néanmoins à codifier les relations sexuelles chez les Baruya. En l'état, cela signifie que tout acte d'homosexualité avant et après le rite, et surtout de manière élective, est dès lors impossible. La notion de plaisir est par conséquent bannie au profit d'un accomplissement répondant uniquement à des schèmes sociétaux imposés par les pairs. Par une anthropologie de l'ordinaire, Éric Chauvier propose de faire un pas de côté en s'intéressant à la diversité de chaque individu. En plongeant dans les récits qui animent chaque trajectoire de vie, on décèle qu'il n'est pas exclu que d'autres formes d'homosexualité s'expriment chez les Baruya. Ici comme ailleurs, les relations sexuelles sont certainement plurielles, choisies, et émancipatrices pour ceux qui les pratiquent, quoique cela demande parfois de se cacher des regards et de se protéger en empruntant des sentiers secrets. Si les grandes théories peuvent être inspirantes pour traduire les inclinations de l'humanité, elles ont également tendance à figer les individus, limitant de ce fait la diversité qu'ils peuvent offrir au monde. Compléter ces théories par des approches qui auscultent la pluralité des identités de chaque individu pourrait permettre de mieux comprendre la pluralité du monde. Inviter l'interdisciplinarité dans nos vies, c'est dessiner à la manière des Yanomami, c'est prendre conscience des bornes de notre propre sphère de connaissances pour l'enrichir grâce à un regard attentif et curieux.

Traduire la sensibilité des mondes

Le dessin des Yanomami pointe également une faiblesse notable dans les représentations occidentales, à savoir l'incapacité du botaniste à rendre visible la sensibilité qui émane du vivant. Dans les sociétés occidentales, les observations du monde s'articulent historiquement en deux groupes : celui des observations résultant d'un raisonnement et qui sont consacrées en *connaissance*, et celui qui réunit les expériences sensibles du monde, lesquelles ont tendance à être oubliées par les méthodes de production du savoir. La frontière entre *connaissance* et *sens* se mue alors en une lame qui tranche le monde en deux univers distincts. Pourtant, nos vies sont quotidiennement imprégnées de représentations déterminées par nos sens, nos émotions et nos souvenirs, autant que par nos manières dissemblables de nous projeter dans l'avenir. La relation est une construction à la fois rationnelle et sensorielle qui, afin d'être mieux comprise, appelle à croiser disciplines scientifiques et expériences du sensible. Maurice Merleau-Ponty avait déjà, en son temps, insisté sur la nécessité de métisser connaissance scientifique et approche sensible des mondes. Dans son ouvrage *L'Œil et l'Esprit*, il utilise pour exemple les peintures de Cézanne, abondant particulièrement de couleurs et de sens, pour révéler que peindre revient à jouer avec les mystères et les frémissements de la vie. Il touchait ainsi du doigt l'un des paradoxes de la pensée humaine que, selon lui, l'art permettait de dépasser. Il affirmait aussi que l'immersion du corps dans un paysage, nécessaire à un peintre pour représenter ce qu'il voit, serait le sésame d'une compréhension totale du monde. Pour le philosophe, le corps est un existant à la fois « *visible et mobile, [Il est] au nombre des choses, il est l'une d'elles, il est pris dans le tissu du monde et sa cohésion est celle d'une chose. Mais, puisqu'il voit et se meut, il tient les choses en cercle autour de soi, elles sont une annexe ou un prolongement de lui-même, elles sont incrustées dans sa chair, elles font partie de sa définition pleine et le monde est fait de l'étoffe même du corps*[14] ». Merleau-Ponty considère qu'il n'y pas de différence entre celui qui touche et celui qui est touché, entre celui qui sent et celui qui est senti, entre la science et le sensible. Les uns et les autres nourrissent un même monde de savoirs et de relations. À l'image de Cézanne qui peignait la Provence qui lui était chère, c'est en matérialisant ces complémentarités entre le savoir et le sensible que la perfection peut être effleurée. Darwin non plus ne s'y était pas trompé. Pour mieux comprendre le vivant, il sua dans les luxuriantes forêts d'Amérique du Sud, s'écharpa sur les récifs des îles Galápagos, connut la solitude au bout du monde, se frotta physiquement à des lianes étrangleuses et à des plantes carnivores géantes, avant d'écrire ses traités de botanique. Ainsi, le naturaliste n'hésita pas à exposer les sensations qu'il avait vécues sur le terrain comme les clés de la compréhension du monde qu'il avait observé. Souffrir dans certains endroits de la planète, ne pas comprendre l'autre, se confronter à la solitude, se sentir déraciné, vaciller, mais résister tout même et rester sur place en dépassant les difficultés, constituent des étapes cruciales permettant de mieux déchiffrer les mondes parcourus. Faire siens les paysages, faire soi l'autre, se pénétrer de la rencontre, c'est ménager un foyer à ce que nous ressentons à l'intérieur de nous-mêmes. C'est exactement ce que signifie Raimon Panikkar lorsqu'il formule l'idée d'un *dialogue dialogal*[15], une méthode permettant, selon lui, de pleinement comprendre le monde en introduisant dans la discussion aussi bien nos systèmes de représentations que nos espérances, nos peurs et nos croyances. Les protagonistes d'un dialogue dialogal sont invités à se distancier des catégorisations rationnelles qui leur ont été enseignées, pour s'ouvrir aux émotions qu'ils éprouvent dans leur vie quotidienne. S'ouvrir déjà à la sensibilité de nos mondes intérieurs permet de transformer cette sensibilité en une force agissante, qui soutient ce que nous sommes autant que l'échange avec celui qui est différent. Vivre les contraires, un attrait pour certains ou une aversion pour d'autres, permet d'intégrer les disparités dans une vision d'ensemble réconciliatrice. Accueillir ses émotions, c'est faire un premier pas pour les dépasser et les transmuer, c'est faire un pas vers la différence. Ces dialogues singuliers permettent d'entrelacer la mémoire et l'histoire des humains comme celles des non-humains. Ils joignent en une quête commune le vivant et le social, la terre et l'air. Ils assemblent mille manières d'être pour former des nœuds tressés de compréhension et d'émotions. Ce sont tous ces espaces variés qui déterminent l'hétérogénéité de nos identités et encouragent le dialogue avec l'autre en l'acceptant pour ce qu'il est, et non avec la volonté de le reformater pour correspondre à ce que l'on voudrait qu'il soit. Humer, entendre, toucher, c'est déjà partir à la rencontre de quelqu'un. Respirer les mondes, c'est déjà les comprendre…

La rencontre pour transformer le monde

Penser la rencontre invite donc à insuffler de l'air frais dans nos sociétés. La traquer est une quête, une force, qui nous meut et nous définit en tant qu'individus et en tant que collectif. Un jour, dans un hameau cévenol isolé, un homme solitaire louvoyant de village en village pour offrir ses mains travailleuses à des personnes en qui il croyait, nous avoua se définir comme un *nomade polyvalent*. Un nomade participant à la construction des lieux qu'il traverse et qui l'inspirent, à la pensée de ceux qu'il rencontre et aux sinuosités des espaces qu'il fréquente. Se rendait-il compte de la poésie véhiculée par ses propos ? Sans le savoir, il renouait avec la tradition séculaire de ces hommes itinérants qui s'attardaient un temps dans des lieux périlleux pour y bâtir de vertes oasis et des refuges face aux violences des systèmes dominants. À l'exemple du nomade des Cévennes, la rencontre modifie pareillement les identités et les pratiques que nous pouvons porter chaque jour. La rencontre, c'est le guerrier qui baisse son bouclier. La rencontre, c'est l'homme d'affaires qui interrompt sa course contre la montre pour offrir un sourire et quelques mots aux passants. C'est le bateau qui fait étape sur chaque île de l'océan, pour comprendre les précieux enseignements qu'elle recèle, au lieu de viser une traversée rapide. La rencontre, c'est aussi accorder de la place à l'autre, qu'il soit humain ou non-humain. La rencontre, c'est encore l'entreprise multinationale qui cesse de dévorer les ressources d'un monde fini pour innover et fonctionner différemment. La rencontre, ce sont les Maasaïs qui échangent réciproquement avec les Occidentaux ; ce sont les colons qui offrent enfin aux aborigènes d'Australie le poids qu'ils méritent dans les politiques de développement du continent ; c'est le loup et certains groupes d'humains qui apprennent à partager l'espace ; c'est l'urbain qui dialogue avec le rural, la métropole avec l'outre-mer, le Nord avec le Sud. La rencontre est tout ce qui stimule le déploiement de la relation et les bénéfices de ses conséquences politiques et sociales attendues. Bien plus que de coexister, une rencontre pleine et véritable permet d'élargir le monde par des nuées d'autres possibles. Elle est la première étape d'un mouvement vers un changement radical de celui qui nous entoure. Car rencontrer, c'est crier à tous que nous vivrons ensemble, mais également que nous créerons ensemble ! Deux individus menant un dialogue ont dans leurs mains la capacité d'apprendre les uns des autres, et de faire de cet apprentissage les fondations de nouvelles cathédrales. La rencontre, à bien des égards, est en mesure d'enfanter un monde largement supérieur à l'addition des parties qui le composent à l'heure actuelle. Par exemple, la rencontre entre un humain et un chien produit une somme de relations qui renouvellent entièrement la vie de chacun. Autrement dit, un humain plus un chien, ça ne fait pas deux ! L'écoute et l'attention ajoutent un trois, puis un quatre. L'amitié ajoute un cinq, les souvenirs un six, le dialogue et la complicité un sept et un huit.

La rencontre ménage de l'espace lorsque nous agençons notre lieu de vie pour cohabiter avec l'autre. La rencontre crée des parenthèses privilégiées quand nous organisons nos journées pour laisser de la place à l'autre dans notre emploi du temps. Dans la rencontre, les deux parties prenantes finissent par construire un monde de relations qui leur est propre, dans lequel, à terme, elles ne feront qu'un, constituant l'une pour l'autre des extensions corporelles et spirituelles. Si deux êtres seulement sont à l'origine de telles productions, alors les rencontres à l'échelle d'écosystèmes et de territoires entiers activent un insondable monde de possibles : la rencontre est le ferment d'infinies constructions et d'autant d'expressions de partage.

Poésies d'un monde pluriel

La musique est un domaine qui permet de mieux imaginer ce qui se joue dans la rencontre. Les musiciens parlent de *fusion* pour évoquer la rencontre de l'altérité produisant une note tierce qui confère son originalité à un chant, un son ou un rythme. Une note en entraînant une autre, c'est bien la fusion de diversités musicales qui forme des styles nouveaux et enrichit le répertoire mélodique[16]. Apparu dans le quartier du Bronx à New York, le hip-hop consistait alors à isoler et à jouer en boucle les parties rythmées de morceaux disco de l'époque. Le jazz, lui, est né de la rencontre entre les rythmes africains et leur réplique sur le continent américain. Il existe aussi des musiques métisses qui s'inspirent d'une foule de genres musicaux différents pour restituer une ample palette de tonalités vibrantes et originales. À l'échelle des territoires, une comparaison avec la musique aide à saisir ce qui caractérise l'expression de la rencontre. L'anthropologue Anna Tsing a signé une étude magistrale sur les cueilleurs de matsutake dans les forêts de l'Oregon[17]. Ce champignon a la particularité de pousser dans des forêts notablement dégradées, que la très mauvaise gestion des services forestiers a rendues impropres à l'exploitation économique. Ces forêts auraient pu rester dans l'oubli, mais c'était sans compter la présence nouvelle de ce champignon qui, absent des marchés occidentaux, s'échange à prix d'or sur ceux du Japon. La rencontre des humains et du matsutake a donné le jour à une fort étrange communauté, pratiquant la cueillette, s'abritant dans des cabanes, et faisant preuve de relations à la fois de solidarité et de compétition. Les cueilleurs s'aident autant qu'ils se court-circuitent pour accéder aux négociants les plus généreux. Pour Anna Tsing, la valse permanente entre les champignons, leurs cueilleurs et la forêt articule des récits spécifiques, qui s'enchevêtrent pour fonder un monde commun rythmé par les arbres avec lesquels les champignons vivent en symbiose, par les saisons qui régissent les cycles de pousse des matsutakes, par les communautés humaines dont la cueillette du champignon assure la subsistance, et par les marchés américains et japonais qui relient ces forêts abîmées aux acheteurs internationaux. En Oregon, ces forêts réunissent plusieurs instruments, mélodies et sonorités différentes jouées simultanément. L'association des notes crée un air à la fois extrêmement pluriel dans sa composition et néanmoins tout à fait harmonieux. C'est par l'association de forêts délaissées, d'un champignon opportun et de cueilleurs en quête d'alternatives que s'est construite une nouvelle société forestière. Selon l'auteure, comprendre la diversité des mondes et des histoires entremêlées au sein du vivant équivaut d'abord à écouter et à décrypter la singularité de chaque être vivant, pour ensuite juxtaposer ces singularités dans le cadre d'équilibres et d'apprentissages réciproques.

L'une de nos enquêtes nous a récemment emmenés dans plusieurs sites incroyables, dont seule la rencontre entre deux existants connaît les secrets. Dans certaines villes françaises frappées de plein fouet par la précarité, des citadins pauvres occupent des espaces vacants pour exercer des activités agricoles. Planches de légumes, serres de tomates, cabanes de bric et de broc et autres ponctuent ainsi le paysage urbain. Nous nous étions lancés dans cette enquête avec l'hypothèse que les personnes en situation de précarité retournaient à la terre principalement pour des raisons économiques, afin de nourrir leurs familles et éventuellement gagner de l'argent par la vente de leur production. Mais en discutant avec les jardiniers, nous nous sommes rendus compte que, si cette motivation économique est souvent première, au gré de la pratique, elle devient indissociable de toute une série d'autres motivations participant à l'émancipation des jardiniers. Par ce biais, ils cherchent à redorer leur image en société, ainsi plus flatteuse que celle du chômeur, à accéder à un paysage qui permette au corps et à l'esprit de s'évader des tours urbaines, et à construire des lieux où il fait bon échapper aux pressions du quotidien pour se ressourcer. Cet apprentissage devient tellement structurant qu'il incite le jardinier à modifier parfois sévèrement ses pratiques, au point de réserver une partie de son jardin à des usages de loisir, à l'épanouissement de fleurs, à la détente de quelques amis de passage… Autrement dit, la performance économique du jardin est sacrifiée à des usages spirituels, sociaux et écologiques. Si dans les villes pauvres, chaque jardin est unique, nous avons compris, au cours des discussions avec les jardiniers, que le point commun qui les unissait tous était la rencontre : une rencontre entre des humains et des non-humains, entre le bitume et la terre, entre la nature et la culture, qui fait que les citadins en difficulté parviennent à coexister, à se libérer et à cocréer. Ces nouveaux jardins amènent la nature au cœur des sociétés urbaines, ils permettent à des populations modestes de couver un espace qui leur est propre, et établissent de nouveaux continuums entre humains et non-humains, à l'écart des espaces oppressants. C'est pourquoi le jardinage est une rencontre qui change non seulement la vie des humains, mais aussi le paysage des communes précarisées. Nos investigations ont eu l'effet d'une bombe dans nos esprits. Nous étions partis dans l'idée d'échanger avec des personnes en situation de précarité, nous avons finalement rencontré des bâtisseurs d'espaces, des espaces qui leur sont propres et où, grâce au jardinage, ils se prennent en main malgré les obstacles et les contrariétés. Nous avons rencontré des humains qui évoluent intellectuellement et spirituellement par la pratique agricole. Pour finir, nous avons rencontré des étudiants qui approfondissent leurs connaissances du vivant et des professeurs qui instruisent avec enthousiasme. Des étudiants d'abord, car ils apprennent au quotidien à collaborer avec la nature pour améliorer nos conditions de vie ; des professeurs ensuite, qui nous ont enseigné une chose essentielle : la rencontre est un moment minuscule, mais il est gonflé du souffle et de l'âme des puissants.

La relation comme nouvelle justice

Il existe une planète que des millions de spectateurs ont pu découvrir un jour : la belle Pandora. Le film *Avatar* a marqué son époque, il a également marqué notre adolescence. À l'âge où les esprits s'échafaudent, s'élaborent et se peaufinent, il nous a projetés dans un futur lointain, à la découverte d'un monde inconnu, où un peuple, les Na'vi, vit en harmonie avec la nature mais voit son territoire pillé par des colons humains. Éplorés par la perte de leurs proches et par la destruction des paysages qui faisaient leur fierté, certains Na'vi appellent à la résistance. Les tribus autrefois déchirées se liguent face à l'envahisseur, et rallient à leur cause les non-humains, avec qui ils sont su vivre en équilibre. Confrontés à leur propre vulnérabilité, les Na'vi vont sublimer les relations qui les unissent à la terre pour mieux résister. Ils mettent ainsi au premier plan de leur combat un *nous* indissociable, dont les membres sont issus de plusieurs générations et de divers métissages, à la fois humains et non-humains. Un *nous* reflétant la diversité qui anime les corps et les âmes des Na'vi. Une guerre se déclare alors, qui oppose deux mondes au destin brisé : les tribus de Pandora souhaitant protéger leur territoire, et l'oppresseur humain venu exploiter sans vergogne de précieux minerais. Dans leur quête de justice, les Na'vi s'appuieront également sur l'aide inattendue de l'un des envahisseurs : Jake Sully, le héros du film. Celui-ci remettra effectivement en cause le monde duquel il vient, pour mieux s'ouvrir aux valeurs auxquelles il croit.

Le film *Avatar* est particulièrement attrayant pour des jeunes chercheurs qui s'intéressent à la diversité des mondes. Quelques notions d'anthropologie permettent de constater que les pratiques des Na'vi sont loin d'être entièrement fabulées. Elles puisent dans nombre de mythes existants chez les sociétés animistes de la jungle amazonienne. Peinte à la manière d'*Avatar*, la science-fiction est un outil indispensable pour concevoir les mondes de demain. Elle invite à rêver et à imaginer des futurs possibles, des plus apocalyptiques aux plus enchantés. Le savoir est un chemin sans fin, enrichi de sources diverses, des livres d'érudits aux contes fantastiques qui tous alimentent la poursuite d'une sagesse personnelle. Dans nos esprits, le film *Avatar* a rejoint le panthéon des univers fabuleux inspirants, aux côtés de ceux de Tolkien et de *Dark Crystal*. Ces mondes, si surnaturels soient-ils, proposent tous une vision du vivre-ensemble. D'ailleurs, l'univers d'*Avatar* se rappelle sans cesse à nous, car le drame qui touche la société Na'vi s'observe aujourd'hui sur notre planète, dans maints territoires bien réels. Partout des peuples sont asservis, des paysages dévastés, des symboles et des totems piétinés et oubliés. Et partout des peuples et des collectifs se dressent pour résister. La vie se défend, elle hurle son refus de l'uniformité et projette une justice nouvelle pour bâtir un monde où règneraient la diversité et la pluralité. Partout, elle s'évertue à montrer une nouvelle voie pour inventer, par la relation, une justice et une solidarité inébranlables. Une justice qui permettrait à chacun de vivre librement dans un territoire aimé et choisi. Une justice qui ferait du dialogue et de la rencontre la base de tout apprentissage. Une justice qui accorderait une place aux non-humains dans des formes nouvelles de solidarité. Une justice qui s'opposerait aux discours visant à araser les reliefs où pointent singularités et métissages. Une justice qui ferait de la poésie le passeport des mondes paisibles et bienheureux de demain. Privés de totems, de sens et de symboles, nous ne sommes rien de plus que des robots manipulés par le verbe et l'économie-monde. Par-delà l'humain et par-delà l'Occident, il existe mille et un mondes de paix qui ne demandent qu'à être à jamais forgés.

Considérer le non-humain : tout être est de lumière

Un autre chef-d'œuvre de la science-fiction devrait être mis dans les mains de tous les écoliers : le livre de Pierre Boulle *La Planète des singes*[1]. Un roman profondément bouleversant, qui imprime au cœur une cicatrice permanente. L'histoire met en scène la quête d'un journaliste parti en voyage sur une étoile lointaine et pris au piège d'une planète où les singes gouvernent en lieu et place des humains. Tout au long du récit, l'auteur invite le lecteur à se questionner sur l'instrumentalisation des non-humains au sein de la société. Cette violence faite à l'autre, ne revient-elle pas nécessairement à l'infliger à soi-même ? Léo Ferré a écrit des vers qui expriment la tristesse et la honte que lui a inspiré la brutalité des cages au zoo d'Anvers, où il a vu dans le regard d'un chimpanzé un animal « *qui meurt à moitié, qui meurt à l'envers. Qui donnerait ses pieds, pour un revolver*[2] ». Ce que décrit ici le poète rejoint par son parti pris la fiction de Pierre Boulle, qui souligne que le regard de l'autre peut communiquer des émotions puissantes permettant de mieux le comprendre et, éventuellement, d'essayer de renouveler notre rapport à lui.

La conscience de la vie

L'écrit de Pierre Boule comme la chanson de Léo Ferré sont des textes relativement datés. Leurs mots n'ont pourtant jamais autant résonné dans l'actualité. Aujourd'hui encore, rien n'a changé. Les animaux sont toujours majoritairement étudiés à l'aune de leurs processus biologiques, classés selon leur morphologie, des critères génétiques, et considérés en fonction de tout ce qu'ils ont de moins ou d'inférieur par rapport à l'étalon humain[3]. Certes, les humains et les non-humains partagent la même situation de vulnérabilité, mais de nouveaux travaux en éthologie montrent néanmoins que ces derniers disposent d'une capacité à se projeter dans leur environnement, à user de moult compétences, et qu'ils exercent une *agentivité*, ce qui signifie qu'eux aussi peuvent agir volontairement sur le monde, notamment transformer intentionnellement des espaces et préméditer des formes de projets[4]. Les castors, par exemple, modifient les cours d'eau et les courants en édifiant leurs barrages, leurs huttes et leurs canaux. Ces mêmes cours d'eau seront ensuite empruntés et exploités de manière différenciée par les communautés animales et végétales qui occupent ces entrelacs. De manière générale, il appartient à tous les organismes d'aménager des habitats viables pour convenir à leurs besoins. C'est grâce à cette capacité d'appropriation physique et de transformation des milieux que les espèces survivent et conditionnent la capacité de leurs descendants à y rester. Les travaux de la primatologue Sabrina Krief montrent que les chimpanzés sont capables d'identifier les vertus thérapeutiques des feuilles de certains arbres[5]. S'ils souffrent de maux digestifs, ils changent leur alimentation et intègrent à leur régime des feuilles particulières qui les soulageront rapidement. Pour se nourrir, les chimpanzés utilisent parfois des outils destinés à faciliter la capture de certaines proies telles que des fourmis au fond de leur nid. En se servant de brindilles ou de branchettes, les singes peuvent alors pêcher les fourmis par d'étroits orifices auxquels leurs gros doigts ne leur permettent pas d'accéder. Plus surprenant encore, le chimpanzé, toujours lui, exécute les mêmes opérations avec des outils différents selon la région où il réside. Tout simplement parce que les essences d'arbres et les matériaux à sa disposition sont eux-mêmes différents ! Ces deux comportements traduisent la capacité des grands singes à apprendre de leur environnement et à construire un raisonnement cognitif singulier qui en dépende.

Les animaux ne se contentent pas de s'approprier un milieu, de récentes découvertes indiquent qu'ils possèdent également la faculté de penser ce milieu et d'y tisser des formes de relations particulières : par leur corps, ils diffusent des messages, matérialisent l'expression d'émotions et participent à la construction de liens sociaux d'une formidable intensité[6]. Comme nous, ils peuvent également s'attacher aux autres par des formes d'amour et d'amitié ! Il y a quelques années, une vidéo a mis la planète en émoi. L'éthologue Francine Patterson avait appris à la femelle gorille Koko le langage des signes, ce qui lui permettait alors de converser journellement avec elle. En parallèle, Koko avait su établir, au fil des ans, une relation amicale avec un petit chat présent dans le parc animalier. Le chat et la femelle gorille se fréquentaient quotidiennement et échangeaient des *mots* dont la signification n'était connue que d'eux seuls. Un jour, devant la caméra, la soigneuse dut annoncer une mauvaise nouvelle à Koko. L'ami de toujours, le petit chat, venait de perdre la vie, percuté par une voiture. La réaction de Koko fut des plus émues. Par le langage des signes, elle exprima d'abord une tristesse profonde, puis signifia qu'elle comprenait parfaitement que plus jamais elle ne reverrait son compagnon. La sagacité manifestée par Koko constitue un puissant témoignage, qui grave dans le marbre la capacité de certains animaux à intérioriser des codes sociaux qui ne sont pas les leurs : un langage qu'ils ont su développer pour définir leurs propres ressentis et émotions. Plus important encore, en comprenant et en intériorisant la mort de son ami, Koko a été en mesure de se projeter dans le futur, elle a compris que l'amitié qui la liait au petit félin était maintenant, dans cette vie terrestre, de l'ordre du souvenir. Les esprits critiques objectent que le comportement de Koko ou des chimpanzés d'Ouganda s'explique en partie par le fait que les grands singes ont toujours eu des comportements proches de ceux des humains, proximité génétique oblige. Toutefois, de nouveaux travaux rapportent que l'intériorisation du deuil n'est pas propre aux grands singes. Dans ses recherches, le primatologue Frans De Waal décrit avec finesse ces mêmes aptitudes à l'apprentissage chez de nombreux mammifères. Les chiens vouent une incroyable fidélité à leurs compagnons humains et non-humains. Ils peuvent rester à proximité de la tombe d'un partenaire subitement disparu pendant de nombreuses années. Hachiko était l'un de ces amis fervents : après le décès de son maître, il a continué à l'attendre quotidiennement à la gare où il avait l'habitude de le retrouver le soir. L'attente d'Hachiko a duré jusqu'à sa mort naturelle, dix ans plus tard. À Tokyo, une statue honore l'héritage que ce chien a laissé dans l'imaginaire collectif : un amour unique et loyal, qui subsiste y compris lorsque l'autre n'est plus[7]. Au plus profond des savanes, les éléphants rassemblent les restes de leurs morts et se recueillent parfois plusieurs jours autour d'un membre de la harde décédé depuis peu. Ils touchent la dépouille et peuvent aussi se passer les os ou défenses de trompe en trompe, comme pour se défaire du défunt et l'accompagner vers l'au-delà. Il arrive que certains éléphants retournent ensuite plusieurs années durant sur le lieu du rituel pour inspecter les ossements, et peut-être rendre hommage à celui qui fut[8]. Les corbeaux également expriment leur chagrin lorsque meurt l'un de leurs proches. Les dauphins jouissent d'une mémoire à faire pâlir les plus grands penseurs et les fourmis se structurent en sociétés hautement hiérarchisées. Il est désormais factuel, d'innombrables travaux le montrent, que les animaux disposent, à des degrés divers, d'une sensibilité particulière, d'une conscience de l'autre et du prochain ainsi que d'un fort sentiment d'appartenance à une communauté, qui peut accueillir, le cas échéant, les représentants d'une espèce différente. Par exemple, les chiens de compagnie peuvent se comporter comme en meute, au-delà de leur individualité dans le foyer humain. Les éléphants acceptent des oiseaux sur leur dos, les écureuils partagent leurs arbres avec nombre d'oiseaux et d'insectes. Toutes ces formes d'agentivité attestent la capacité des animaux à intégrer des connaissances particulières. Une émotion n'est jamais dissociée d'une pratique, rappelle Frans De Waal, elle traduit des formes de savoir, la seconde déterminant la première[9]. Le chagrin, par exemple, répond à un apprentissage et à un lien social, il est le revers de la perte. Un ami perdu et la Terre continue de tourner, la vie de s'épanouir, mais chaque être étant unique, ce qu'il était plus jamais n'existera. Il est fort probable que le sentiment de perte pénètre l'âme de certains animaux aussi profondément que la nôtre : la plupart des êtres vivants ont en commun de concevoir la conscience de l'autre et la fragilité de la vie.

Le savoir des arbres

Quoique la science n'en soit qu'à ses balbutiements concernant la compréhension des compétences des non-humains, elle découvre peu à peu que les végétaux semblent également trahir une vertigineuse sensibilité et une ingéniosité immémoriale. Certains botanistes appellent cela la *conscience des plantes*[10]. Il est, par exemple, des arbres timides, dont les couronnes foliaires ne se touchent jamais. En Chine du Sud, la petite herbacée du nom de sainfoin oscillant, qui trouve son habitat de prédilection dans les ravins, a pour singularité de *danser* : elle actionne ses feuilles lorsqu'elle entend de la musique, et quand le bruit s'arrête, elle s'immobilise. Les arbres aussi se manifestent ! Beaux, majestueux, inspirateurs et particulièrement autonomes, ils sont une invitation à sans cesse penser la résilience. Leur extrême longévité et la profusion des expériences vécues par les plus vieux d'entre eux en font les créateurs de vastes réseaux de communication. À la fois souterrains et aériens, ces réseaux sont vecteurs d'exceptionnelles dispositions et d'intenses relations. Les arbres sont une mémoire vivante et empirique qui ramène perpétuellement l'humain à sa propre fragilité et sa propre mortalité. Imaginer que ces mémoires végétales se déploient sur des périodes extrêmement longues – les systèmes racinaires de certaines communautés d'arbres peuvent être âgés de plusieurs dizaines de milliers d'années – creuse un abîme. Selon toute vraisemblance, les réseaux mnésiques des arbres millénaires surpassent de loin ceux de l'humain. La biologiste australienne Monica Gagliano est parvenue à observer chez les petits pois des réflexes par les racines et les feuilles, a priori basés sur des sensations proches des cinq sens : la vue, l'odorat, le goût, l'ouïe et le toucher[11]. Peut-être les plantes en ont-elles d'autres encore, les recherches futures nous le diront. Au moyen de ces sens, les plantes semblent communiquer avec leurs congénères et adresser des signaux aux insectes pour accélérer les processus de pollinisation en vue de se protéger d'éventuels prédateurs. Elles possèdent également une mémoire dont elles se servent pour adapter leurs réactions, voire leur apparence, afin de continuer à habiter le même milieu d'une génération à l'autre. Selon Monica Gagliano, les fondements de l'intelligence plurielle dont témoignent les végétaux se trouveraient dans les millions de pointes racinaires dissimulées sous la surface du sol tels les synapses d'un cerveau filandreux[12]. Récemment, des recherches ont mis en évidence la capacité des arbres à s'entraider au travers d'un lacis souterrain de racines et de mycorhizes. Ces champignons, qui connectent les racines, ont vocation à transférer les nutriments et l'eau des individus les plus robustes vers les plus faibles. Plus troublant encore, l'architecture des réseaux neuronaux des humains semble extrêmement similaire aux réseaux que tissent les racines et les mycorhizes dans le sous-sol. Pour la botaniste Suzanne Simard, cela démontre la compétence des arbres à se souvenir et à nouer des partenariats ciblés dans le but de s'émanciper[13]. Cette mémoire de la forêt devrait inciter l'humain à l'empathie pour la communauté des arbres. Face aux découvertes phénoménales de ces recherches, l'arbre millénaire renvoie l'image d'un sage vénérable, dont la barbe de feuilles invite au respect et à la compréhension d'un temps noble et prodigieux, d'un temps dont les sociétés contemporaines pourraient s'inspirer pour concevoir leur rapport à ces *êtres silencieux*[14] et veiller à préserver leur belle santé.

Partout nous sommes regardés

S'arrêter aux animaux et aux végétaux ne permet pas de brosser le tableau complet des connaissances dont les non-humains peuvent être les gardiens. Les minéraux également détiennent des informations à nous faire savoir. Ce sont des matières sensibles à la lumière, qui stockent l'information que transporte celle-ci pour la restituer tel un feu d'artifice dont les éclats jailliraient de leurs milliers de facettes et d'aspérités. Dans un texte captivant, le romancier Jules Verne explique la sensation que suscitent dans l'âme humaine les cristaux d'une grotte perdue dans la falaise : « *Enfin, la décomposition des rayons lumineux à travers ces milliers de prismes, les feux d'artifices d'étincelles qui éclataient de toutes parts et retombaient en gerbe, constituaient la plus étonnante symphonie de lumière et de couleur dont le regard de l'homme pût être ébloui*[15]. » Ainsi lumineuses, les pierres peuvent être comparées à des peintres, pour reprendre une métaphore de Michel Serres[16], griffant leurs toiles de la lumière qu'ils reçoivent. Les pierres sont tels des artistes, elles créent à leur manière, comme dans la grotte de Jules Verne, et communiquent entre elles par de continuels jeux de brillance. C'est comme si elles nous contemplaient autant que nous pouvons les contempler. Elles sont aussi des protagonistes du grand récit de la vie. Comprendre en détail le monde minéral demanderait évidemment de mieux cerner les informations qu'elles sont à même de nous transmettre, la quantité de lumière qu'elles absorbent, et celle qu'elles rendent à l'univers, peut-être sous une forme changeante. Des recherches pourraient également essayer de mieux comprendre le rôle des pierres dans les écosystèmes paysagers. Contextualiser leurs fonctions ne se réduit jamais à l'énoncé d'une seule de leurs caractéristiques physiques, à l'instar de cette disposition à pourvoir d'ombre quelques insectes. Les pierres sont également le substrat de symboles et de rencontres. Le rocher Uluru, au centre de l'Australie, est le support élu par plusieurs communautés aborigènes pour y perpétuer des rituels sollicitant l'attention des esprits qui vivent dans le ciel. Il est également le canevas choisi pour y peindre des fresques d'une inestimable valeur culturelle. Dans le

Grand Nord aussi, Jean Malaurie a tenté, au cours des années 1950 et 1960, de matérialiser une pensée de la roche. Se disant géo-anthropologue, il s'intéressait autant aux minerais du Groenland qu'à la manière dont les Inuits interagissaient avec les pierres[17]. Selon lui, l'histoire des peuples du Grand Nord ne peut être pensée sans une analyse complète de la tectonique et, plus globalement, de l'histoire géologique de la région. Les mouvements du sol ont certainement influencé la localisation des premiers hommes dans ces zones polaires, et sans doute ces hommes ont-ils édifié leur système symbolique et leurs récits collectifs, inspirés par les crevasses et les glaciers. Malheureusement, peu nombreux sont aujourd'hui les théoriciens qui osent croiser pensée scientifique dite *dure* et démarche anthropologique. Un champ de recherches qui s'étiole et c'est une avalanche de questions sur le monde qui restent sans réponses. Le peu que l'on a découvert nous exhorte pourtant à remodeler entièrement nos façons de penser. Le savoir authentique, insiste Michel Serres, est comme une pierre à plusieurs facettes, il foisonne d'idées, de sensations et d'intuitions aussi disparates que la Voie lactée, aussi temporaire parfois qu'un astre qui se meurt[18]. Admises comme source de savoir, les pierres convient à observer le monde différemment : plus question de ne retenir qu'un centre dans le vivant et dans la connaissance mais, au contraire, *des* centres partout où réside une part de lumière. Plus de séparation entre objets et sujets, mais bien des sujets en tous lieux et en toutes circonstances, plus ou moins pensants, et qui ont tous, à leur manière, l'insigne pouvoir de refléter une part de vérité.

Stockage d'informations multiples, émotions, apprentissage du passé et aptitude à se projeter dans l'avenir…

toutes ces caractéristiques sont le propre de codes sociaux particuliers et constituent les piliers de ce qui définit la culture. Ce que l'on pensa pendant longtemps réservé aux humains apparaît désormais comme un ensemble de schèmes communs à tout être vivant, voire à tout être existant. Dès lors, pourquoi refuser l'association de formes de savoirs et de cultures particulières aux non-humains, sous prétexte qu'ils les exercent différemment ? Accepter que la création des savoirs emprunte d'autres itinéraires ne signifie évidemment pas que le savoir n'existe pas, mais bien qu'il se fabrique selon des procédés encore mal connus ou inconnus des humains… Nous aurions tant à apprendre de ces voies alternatives ! Les recherches récentes nous le démontrent : chaque existant écoute et demande à être écouté. S'ouvrir à ces nouvelles formes de vie nous offre une formidable opportunité face aux crises sociales et environnementales actuelles, car un savoir croisé entre humains et non-humains pourrait modifier profondément nos existences, et participer à cultiver des liens de solidarité et de créations réciproques entre les uns et les autres.

Construire de nouveaux circuits diplomatiques

Reconnaître la diversité, l'intelligence et la sensibilité des non-humains nous oblige à reconsidérer la place que nous leur accordons dans nos sociétés. Au même titre que reconnaître l'hétérogénéité des sociétés comme partie prenante des mondes de demain commande de renouveler les dialogues que nous entretenons avec la différence. Au-delà du distinguo entre nature et culture, au-delà de ce qui sépare les Occidentaux des autres sociétés, nous devons frayer des chemins pour mieux nous relier et vivre ensemble. Dans la rencontre, tous nous portons le poids du passé. Des rapports de force hérités des siècles antérieurs font s'éterniser, de nos jours encore, nombre d'injustices sociales, environnementales et territoriales. Souvent, ils polluent la relation entre Occidentaux et peuples du monde, entre urbains et ruraux, entre Blancs et Noirs, entre hommes et femmes, entre humains et non-humains. En ce sens, il est capital de renouer avec la justice. La justice, c'est reconnaître ces crimes, c'est avoir le courage de demander pardon pour ceux qui nous ont précédés, et c'est accueillir la rencontre dans une dynamique d'apaisement et de pacification. Le pardon donne accès à une relation dans laquelle ceux qui s'opposaient hier peuvent à présent établir un dialogue riche, juste et horizontal. Le philosophe Baptiste Morizot, qui a travaillé sur les conflits entre l'humain et le loup, propose d'organiser de *nouveaux circuits diplomatiques*, qu'il définit comme une manière inédite de communiquer avec l'autre dans la différence : les diplomates sont pour lui des *sangs-mêlés*, des *garous*, des *interprètes*, des *métis*, des *bâtards*[19], qui ont intériorisé des mœurs inconnues, des langages cachés et des façons autres de s'intégrer au territoire. Ces *diplomates* sont capables de traduire ces façons distinctes d'habiter, de les mettre en médiation, et d'essayer d'imaginer des codes communs pour occuper ensemble les territoires. Dans une perspective relationnelle, les diplomates sont les personnalités politiques des mondes à venir, ceux qui, confrontant le passé au présent et le présent aux projections futures, sont en mesure d'élaborer des codes territoriaux qui s'inventent par-delà l'uniformité et par-delà l'humain. Faire de la relation un acte diplomatique, c'est revendiquer de manière inconditionnelle le droit de chacun à exister pour ce qu'il est.

Baptiste Morizot prend à son compte cet appel à une diplomatie renouvelée dans un magnifique livre, *Sur la piste animale*, où il pérégrine au rythme d'une meute de loups[20]. Le temps passé avec les canidés sauvages lui a permis d'affiner sa compréhension de l'espèce et d'élaborer des possibilités de dialogue territorial avec elle. Il propose, à la fin de son récit, de développer un panel de signes qui constitueraient un langage commun assurant une coexistence pacifique entre l'humain et le loup : signaler la présence humaine sur certains territoires par des bornes olfactives permettrait au loup de disposer de récepteurs accessibles pour éviter des zones où il risque d'être chassé au péril de sa vie. Dans le même esprit, en Afrique et en Asie, sur les terres des éléphants, la chercheuse Lucy King a proposé d'installer des ruches en lisière de nombreux champs, pour inciter les pachydermes à contourner les parcelles[21]. Il faut dire que les éléphants ne font pas le poids face aux abeilles, dont ils ont peur, comme l'a observé la scientifique, qui a démontré que 90 % des éléphants en Afrique de l'Est détalent lorsqu'ils entendent le petit hyménoptère[22]. Ils peuvent même devenir fous furieux si les insectes se glissent accidentellement à l'intérieur de leur trompe. En essayant de s'en débarrasser, ces gros herbivores courent en tout sens et bondissent dangereusement dans un vacarme incessant. Dans un contexte de forte croissance démographique, les hommes empiètent de plus en plus sur l'habitat des éléphants. Ces derniers résistent et n'hésitent pas à pénétrer dans les champs pour se nourrir, mais également parfois pour rejoindre une destination précise. C'est une rude compétition entre l'humain et le mastodonte, qui entraîne des persécutions des deux côtés. Les deux camps subissent des dommages collatéraux, avec pour conséquence de rompre tout processus de dialogue. En proposant d'équiper les fermes de ruches, la scientifique confie aux abeilles une mission diplomatique ayant pour but de séparer les deux belligérants. Les éléphants évitent dorénavant les parcelles cultivées, ce qui rassure les agriculteurs qui, en retour, acceptent mieux de veiller à leur protection. Dans ces différents systèmes de relations, la justice s'invente par un partage de l'espace, où chaque partie prenante apprend à respecter les jouissances de l'autre. Au travers de ces nouveaux modèles diplomatiques, les histoires individuelles finissent par être communes et partagées.

Entre communautés, les circuits diplomatiques peuvent devenir des modalités pour transformer les territoires en des lieux métis et colorés. Cet horizon commun nous oblige non seulement à prendre soin d'autrui dans les paysages que nous habitons, mais également à porter dans toute démarche collective la capacité à vivre dans la diversité. Situer les paysages et les territoires au centre de l'action politique et citoyenne permet d'entrevoir un futur souriant pour vivre la différence avec quiétude. Un paysage, comme le décrit l'écologiste Alain Coulombel, est d'ores et déjà « *une rencontre, une épreuve, une expérience polysensorielle où la suavité et la grâce, la grandeur simple, la paix ou l'inquiétude, l'obscur et la lumière peuvent se révéler et se donner à vivre en chacun d'entre nous*[23] ». Par le paysage, nous pouvons facilement reconnaître les itinéraires qui nous relient aux autres. Les paysages sont l'étoffe des territoires et la réaffirmation de l'onirisme dont peut se parer le monde. Lutter en faveur du paysage, en avantageant des habitats mutualisés, en défendant des lieux et des symboles, en construisant des cabanes, en invitant l'autre à séjourner et, pourquoi pas, à s'installer définitivement, c'est refaire corps avec le monde et définir un vécu commun comme seule modalité d'expression du progrès et d'un horizon fédérateur[24]. La plupart de ces mobilisations politiques restent aujourd'hui à imaginer et à expérimenter. Néanmoins, plusieurs mouvements actuellement actifs tentent de placer au cœur de leurs projets un ensemble de revendications globales pour habiter différemment les territoires. Ces mouvements ont l'immense mérite de délaisser les luttes spécifiques pour promouvoir de nouvelles manières de vivre ensemble dans la différence. Ils sont une invitation à penser plus loin et à construire outre l'humain, outre l'Occident et l'individu. Trois de ces mouvements nous semblent particulièrement inspirants. Ils sont à l'origine d'une partie de nos réflexions dans ce livre et semblent bâtir, chacun dans son genre, les nouveaux circuits diplomatiques nécessaires aux mondes d'aujourd'hui et de demain.

Les territoires contre l'État

Les peuples et communautés autochtones ancrent leurs combats dans des démarches qui s'efforcent de protéger les relations qu'ils ont tissées avec les terres de leurs ancêtres. À l'image des Indiens lakota qui ont lutté dix mois contre la réalisation d'un oléoduc prévu pour traverser leurs terres ; à l'image du chef Raoni qui, après avoir réuni de nombreuses tribus d'Amazonie[25], a franchi plusieurs fois les océans pour aller valoriser la diversité de son peuple auprès des Occidentaux ; à l'image également des revendications de l'État mexicain du Chiapas, qui ont impressionné par leur virulence et le courage des habitants face à l'État central oppresseur… à l'image de tous ces résistants, les protestations grondent sur le monde. Sourdes et profondes, croissant des entrailles de la Terre, elles disent « *C'est assez !* ». Par leur dignité, les minorités renvoient à la figure de l'humanité, comme l'expose Arturo Escobar, plus « *de cinq cents ans de répression, d'exploitation, de marginalisation et de génocide*[26] », et rappellent au monde que tous les peuples ont le droit à la différence, le droit de la revendiquer, de l'afficher et de l'exercer. Par l'expression militante et politique des liens qui les unissent aux animaux et aux végétaux, aux fantômes et aux esprits, à l'eau et aux pierres, à la terre et aux cieux, les communautés poussent sur le devant de la scène non pas seulement leurs propres droits, mais tous ceux des vivants qui s'incarnent dans leur propre existence. Tous ces peuples, grâce à leurs paroles, représentent des bataillons d'humains et de non-humains ainsi qu'un héritage complexe laissé par les générations précédentes ; de ce fait, par leurs revendications, ils font valoir une coexistence qui ne remet pas en cause leur capacité à faire vivre les singularités auxquelles ils tiennent. Conséquemment, les luttes de ces communautés permettent à nombre d'autres et à leurs territoires de se libérer de la subalternité. Comme le dit avec éloquence le philosophe Malcom Ferdinand, elles sortent « *de la cale du monde* » pour faire entendre leurs revendications et occuper « *le pont de la justice* »[27]. Ces luttes concrétisent, à la fois dans les domaines politique et de la justice, les relations qui unissent les communautés à leurs territoires, et font de même des relations qui peuvent coupler les peuples aux schémas de développement actuellement associés aux populations occidentales. En affirmant leurs voix, ces communautés ont entre leurs mains la capacité d'assumer la création d'un monde qui pourrait cultiver la différence et l'*interculturalité*, la création d'un monde qui diffuserait une manière plurielle de penser l'universalité, un monde qui abriterait et réconcilierait plusieurs mondes. Un monde cosmopolite et *pluriversel*[28].

La cause animale face à la violence humaine

La cause animale et les différentes mobilisations sous-jacentes – à l'instar de celles des associations œuvrant pour des cirques sans animaux, des éleveurs de bétail engagés qui ne tuent plus, des mouvements prônant le végétarisme ou le véganisme, etc. – relèvent également d'une volonté d'établir de nouvelles transactions diplomatiques avec les non-humains. En effet, ces mouvements présentent l'intérêt de placer en tête de leur argumentaire la qualité des liens que nous pouvons construire avec les animaux en nous appuyant sur une éthique dont découlerait le refus de les exploiter à seules fins de nos intérêts[29]. Bien que cette éthique ne prétende pas supprimer les liens qui structurent les rapports entre humains et animaux, elle verse dans le questionnement des codes sociaux qui sous-tendent l'exploitation et la mise à mort des animaux. Nul ne peut plus contester que, dans les pays du Nord, les animaux qui nous nourrissent sont soumis à des traitements d'une rare violence : la surconcentration dans des bâtiments d'élevage clos, le transport souvent long, sans que les animaux ne puissent boire ou manger, l'abattage sans étourdissement, ou encore la mutilation brutale d'organes, à des fins de régulation du cheptel ou de meilleure cohabitation, sont source de souffrances aussi indescriptibles qu'insoutenables[30]. L'élevage biologique extensif n'est pas exempt de certaines de ces violences particulièrement répandues dans les modèles industriels. La production de lait, par exemple, implique d'inséminer une vache, puis de lui retirer son petit peu après la naissance. Lors de la séparation d'avec son veau, la mère semble beugler de détresse et cherche à le rejoindre, parfois en courant derrière la camionnette qui l'emporte. Les vaches font preuve de sentiments maternels et tiennent à leurs petits. En agriculture biologique également, les animaux sont tués précocement, à un âge bien inférieur à celui de leur longévité naturelle. Il en va de même des poules pondeuses, gardées en moyenne dix-huit mois alors qu'elles pourraient vivre plus de dix ans. Quant au cochon, il est élevé pendant quatre mois seulement, alors qu'il pourrait vivre vingt ans. Nous pourrions faire une longue liste. L'élevage est une hécatombe. Ses pratiques, qu'elles soient industrielles ou biologiques, ont pour point commun de considérer les animaux non pas pour ce qu'ils sont, mais pour la fonction que notre anthropocentrisme leur a attribuée : celle d'une marchandise capitaliste, d'une machine à produire ce dont nous estimons avoir besoin, un être auquel nous dénions tout sentiment, toute expression et toute intériorité[31]. En s'interrogeant et en s'élevant contre ces pratiques, les défenseurs de la cause animale ont le mérite d'ouvrir le débat pour refuser l'exploitation du vivant et proposer une révision de notre responsabilité envers les autres espèces. En démontrant la sensibilité des animaux et en condamnant les usages humains qui heurtent la sensibilité, ils proposent une dialectique qui cherche – à défaut peut-être de la dépasser – à réguler la dichotomie entre nature et culture. En cela, la cause animale renouvelle en profondeur le débat de l'écologie. Contrairement aux simples approches environnementalistes, qui valorisent la biodiversité au moyen d'indicateurs quantitatifs comme le nombre d'espèces par parcelle ou par écosystème, la cause animale l'aborde par le prisme de la relation[32], selon deux approches qui se complètent davantage qu'elles ne s'opposent : la première recense l'évolution des populations, et la seconde étudie la place à accorder aux animaux dans nos sociétés. Constamment, les détracteurs de la cause animale, notamment du mouvement végan, ramènent le débat à des indicateurs environnementaux stricts, et condamnent la volonté des militants de mettre fin à un modèle agricole paysan qui crée et perpétue au quotidien une biodiversité spécifique et circonscrite[33]. Cette condamnation semble cependant reposer sur un biais majeur : si l'élevage paysan est effectivement garant des paysages et de la biodiversité qui s'y apparente, il n'existe aujourd'hui aucun référentiel scientifique permettant une comparaison avec la biodiversité des paysages entretenue par une société végétarienne ou végane. En outre, la biodiversité cultivée, que les contempteurs du mouvement végan appellent de leurs vœux, n'est pas contradictoire avec une société qui fait de la cause animale un horizon politique. Il semble tout à fait possible d'élever sans mettre à mort, d'entretenir des paysages sans mettre à mort, de vivre et de coopérer avec des animaux sans mettre à mort. Plus que produire des biens alimentaires, l'élevage pourrait devenir gardien de services dans de nouvelles formes de coopération entre les humains et les animaux. Fabriquer de nouvelles coexistences entre nature et culture ne revient pas simplement à vivre ensemble dans un espace partagé, cela demande également d'écrire et de respecter les règles de ces coexistences. C'est peut-être en cela que la cause animale apparaît porteuse d'une aspiration nouvelle. Sans affirmer pour autant qu'elle fournit actuellement les réponses adéquates, elle a le courage et la vertu de ne pas fuir la responsabilité commune de devoir aujourd'hui penser et vivre *avec* les animaux.

Des oasis dans le désert

Enfin, dans les démarches citoyennes de ceux qui restent les pieds dans la terre et de ceux qui vont y remettre les leurs, nous voyons un troisième mouvement, qui place les relations au cœur d'un habitat renouvelé. La géographe Paula Dolci mène actuellement des recherches sur les motivations qui poussent des citadins, en France et en Italie, à retourner vivre dans des territoires ruraux[34]. Ses travaux démontrent que beaucoup de ces néoruraux s'inscrivent dans une démarche de rupture avec le modèle urbain et capitaliste dominant. Ils refusent la compétition exacerbée de la ville, la précarité financière qui en est le reflet, le manque de lien social et l'impossibilité de construire un projet de vie en phase avec la nature. Pour eux, le temps des campagnes se distingue du temps frénétique urbain, en permettant à chacun de vivre au rythme des cycles du vivant, des saisons, de l'eau et du soleil. Ils rejoignent ainsi, dans un tourbillon d'idées nouvelles, des populations qui, envers et contre tout, sont restées dans les villages. Dans ces territoires d'une autre temporalité, il est possible de créer une société différente imprégnée à la fois d'écologie et de justice. En France, plusieurs associations ont fait des campagnes le creuset de réseaux militants. Ces associations cherchent à libérer des terres agricoles et des biens immobiliers en vue d'y développer des projets d'habitats partagés, d'y établir des zones maraîchères s'inspirant des techniques de la permaculture, et d'y dresser des villages bénéficiant d'une relative autonomie énergétique. L'association La Suite du monde a ainsi établi plusieurs *communes imaginées*, composées de cabanes, d'habitats partagés et de fermes révolutionnaires. L'association Hameaux légers accompagne les courageux qui souhaitent, sur des terrains non-constructibles, s'inventer un logement démontable, mobile et transportable, voire compostable, fait de toile et de bois. En Cévennes, depuis quelques temps, le village de Lasalle est une terre d'accueil pour de nombreux artistes, artisans et nouveaux agriculteurs, plus généralement pour une multitude de personnes désireuses d'un autre mode de vie. Ensemble, elles rénovent des fermes abandonnées et les convertissent en habitat collectif, gèrent des jardins partagés, aménagent des scènes de théâtre et des cinémas associatifs dans des églises désacralisées… Ces nouveaux arrivants rejoignent ainsi les anciens du village, avec l'ambition unanime de raviver l'âme de Lasalle[35]. Un engagement commun qui, bien souvent, dépasse le seul fait de détenir une parcelle agricole. Au-delà des processus de résilience, ces personnes essayent également, dans les villages, de territorialiser la politique et d'inventer de nouveaux systèmes de gouvernance locale. L'émergence d'assemblées citoyennes, la tenue de pourparlers et la mise en œuvre de nouvelles manières de *faire communauté* sont en cela absolument passionnantes à observer et à accompagner. En France, certains collectifs de citoyens sont parvenus à changer durablement leurs villages, en faisant en sorte que les décisions politiques soient prises par consensus avec tous ceux qui souhaitent s'impliquer dans la vie locale. Le village drômois de Saillans en est l'exemple le plus emblématique. En s'opposant à un projet d'urbanisme, une association de citoyens a finalement repris la mairie et, à présent, administre elle-même la commune. Sans nécessairement le savoir, ces citoyens renouent avec une tradition de longue de date consistant à porter un municipalisme libertaire, que l'essayiste états-unien Murray Bookchin appelait de ses vœux[36]. En suggérant de remplacer les institutions par des assemblées de citoyens, dans un esprit de démocratie directe, l'auteur voulait substituer ces derniers aux hommes politiques, les places de villages aux assemblées nationales, et les cafés et salles associatives aux obscurs couloirs des institutions régionales. De la ferme aux communes libres et autogérées, il n'y a souvent qu'un pas, considérant que la relation à l'autre et une volonté de vivre de manière juste dans un monde aliénant sont, en général, ce qui motive l'appropriation des systèmes politiques par le collectif. Ces nouvelles pratiques démocratiques restaurent également le dialogue entre tous les habitants d'un même lieu pour penser la gestion territoriale, réaffirmant de la sorte la pertinence de l'expérience partagée dans les prises de décision. Le sociologue et anthropologue Bruno Latour est allé encore plus loin dans la définition de nouvelles modalités collectives en proposant, dans ses écrits, la création d'un *parlement des choses*, composé à la fois d'humains et de non-humains[37]. Pour l'auteur formé à la philosophie, les non-humains peuvent être représentés par des récits, des discours scientifiques et artistiques qui témoignent de leurs besoins, de leurs envies, et de leurs manières de *faire monde*. Ce parlement aurait pour objectif d'arbitrer les modes d'habité qui engendreront les mondes de demain. Bruno Latour affirme ainsi que, par la diversité des expériences et des savoirs, chacun a toute légitimité à organiser les territoires. Selon lui, *faire communauté*, c'est également miser sur les complémentarités des humains et des non-humains pour répondre intelligemment aux défis du milieu. Dans une quête de justice, construire ces espaces de dialogue permet pareillement d'inverser l'ordre des mobilisations citoyennes tandis que, face à la menace climatique et à la dramatique érosion de la diversité, les mobilisations telles que les marches et les pétitions, si impressionnantes soient-elles, ne concourent pas réellement à diffuser de nouvelles formes d'être et de vivre en société. D'autant que ces formes de mobilisation ont tendance à rester dans le carcan de la demande politique. Elles véhiculent des protestations sans vraiment participer à l'élaboration des solutions qui permettraient d'expérimenter concrètement ces revendications. En conséquence, ces mobilisations s'engagent avec retard contre l'action des gouvernements et des collectivités, qui demeurent invariablement maîtres de la possibilité de répondre positivement ou non à ces doléances. A contrario, en créant des espaces à l'image des villages autogérés proposés par de nombreux habitants des campagnes, l'engagement citoyen produit en permanence de l'offre politique. Ces espaces originaux sont en mesure de se dédouaner du gradient politique porté par les élus et les gouvernements pour cultiver le leur propre. L'engagement matérialise alors dans les territoires des chemins, des bosquets et des lieux qui rassemblent et se partagent. La création de ces espaces devance toujours l'action politique, libre ensuite aux institutions publiques de suivre et d'accompagner ou non ces initiatives.

Les différents mouvements que nous avons cités pourraient être complétés par bien d'autres luttes et modes d'habité. Partout des circuits diplomatiques existent déjà, partout des citoyens engagés ont revu la place à accorder à la diversité, à la différence et aux non-humains. En s'exprimant, ces circuits diplomatiques pulvérisent toute une série de dualités à l'œuvre – entre nature et culture, corps et esprit, raison et émotions, humains et non-humains –, pour insister sur les opportunités de partage que permet la construction de relations renouvelées. Agir en faveur de ces nouveaux circuits diplomatiques passe, en grande partie, par le démantèlement des formes collectives de domination léguées par l'histoire telles que la mise en sujétion des femmes, la marginalisation des personnes handicapées, des Roms et des Tsiganes, des communautés alternatives, des territoires ruraux, des quartiers populaires, des périphéries urbaines et des pays de l'hémisphère Sud. En renversant ces formes de domination et en imaginant un vivre-ensemble appuyé sur l'expérience partagée, de nouveaux chemins d'émancipation peuvent enfin voir le jour. Les mouvements précédemment mentionnés en sont les pionniers. En réunissant relation et diplomatie sous la bannière d'une seule et même ambition, leur contribution devient des plus indispensables pour affronter les crises sociales et écologiques. Pour nous, ces mouvements sont la clé de voûte d'une société capable de s'inventer par la relation, car ils peuvent se faire l'écho d'une parole juste face aux enjeux du monde contemporain : une parole qui dit non à la domination et à l'uniformisation, une parole qui incite à l'action davantage qu'elle ne demande, une parole qui crée plus qu'elle ne détruit, une parole qui parie sur la pluralité des êtres vivants pour rêver, bâtir et enfin partager.

Tout commence par les corps

Nous l'oublions continuellement, mais les corps constituent le premier espace de relation et, par extension, le premier espace d'émergence de notre diversité et de la nécessité de justice. Ils sont les réceptacles de nos premières perceptions du monde, nos médiateurs avec ce dernier, également les miroirs de nos premières découvertes de l'autre. Dans le film *Avatar*, pour aller au terme de son combat, Jake Sully choisit de renoncer à son héritage, en restant vivre avec la société qu'il a voulu défendre. Ce choix n'est pas sans conséquence, car il est conditionné par un périlleux changement dans son corps, une métamorphose qui doit faire mourir ce dernier, dans sa version humaine, pour qu'un nouveau puisse naître. La conclusion du film pourrait se résumer à l'idée que tout principe de justice naît et meurt dans les corps. Sur Terre cette fois, l'anthropologue Yoann Moreau a récemment décrit une scène qui situe également les corps dans une interface permanente avec le besoin de justice[38]. Lors de l'une de ses visites dans une communauté de l'État du Para au Brésil, il fit un trajet en pirogue avec l'un de ses hôtes. Sur le fleuve, un papillon se posa sur lui et, par réflexe, il le chassa. Ce geste lui valut des remontrances de la part de son hôte, qui lui rappela qu'il ne pouvait pas se débarrasser des insectes venant atterrir sur lui, surtout les papillons, auxquels certaines communautés vouent de l'admiration et accordent du mérite. Pour cette communauté des tréfonds du Brésil, comme pour d'autres de tradition animiste, le fleuve constitue une société plurielle dont tous les habitants sont les représentants permanents de collectifs. Dans ses faits et gestes, chaque non-humain intègre la parole d'autres non-humains tel un messager des gens de son pays. En naviguant ainsi au gré de l'eau, les corps de Yoann Moreau et de son acolyte brésilien n'étaient pas des espaces neutres, mais plutôt des délégations diplomatiques devant asile aux *ressortissants-messagers* du fleuve venus exprimer une parole et potentiellement solliciter un accueil. Ici, dans la forêt amazonienne, les corps sont les *fragments* d'un territoire commun, des ambassades mobiles qui se doivent de recevoir l'autre comme un étranger cherchant une bienveillante hospitalité pour la nuit. Cette expérience a profondément chamboulé la manière dont Yoann Moreau définit désormais les corps. Sur la pirogue, avec son frère indien, il n'était pas seulement un messager mais bien, au sens premier, un corps diplomatique en charge de rencontrer l'autre et de l'accueillir dans sa différence. Cette historiette amazonienne est beaucoup plus qu'une anecdote et nous enseigne que c'est toute une nouvelle façon de nous mouvoir que nous pouvons adopter, car placer les corps au centre des revendications permet de réinventer sans cesse l'expérience partagée.

Les corps pour refaire communauté

Certains sociologues utilisent le concept d'*hexis corporel* pour analyser la façon de bouger et de se déplacer, de s'habiller, et de mettre en scène les corps de certaines communautés et classes sociales. En Occident, les corps ont tendance à être soumis à rude épreuve. Dans son dernier roman, *Qui a tué mon père*, l'écrivain Édouard Louis met en perspective le corps de son père et, plus précisément, la violence qu'il subit en raison des choix politiques dont les conséquences impactent les classes populaires[39]. Selon l'auteur, les politiques publiques liées au système capitaliste détruisent la santé mentale et physique des ouvriers, limitent leurs trajectoires d'émancipation et les condamnent à la subalternité, voire à l'invisibilité. Elles finissent par littéralement tuer les ouvriers au travail, meurtrissant leur chair de cicatrices indélébiles et de malformations persistantes. L'exemple du père d'Édouard Louis n'est que le témoignage des innombrables violences auxquelles sont soumis les corps, qu'il s'agisse des pollutions urbaines, des mauvaises habitudes alimentaires, du stress imposé par une société de la compétition perpétuelle, en passant par le tout-numérique qui sédentarise à l'excès les individus. Chaque activité, astreinte à la cadence du capitalisme, semble une agression contre la santé de nos corps individuels et le bien-être du corps social. Au-delà des violences, le système capitaliste a fait naître une entreprise d'uniformisation massive des corps. Très régulièrement, nous oblitérons nos goûts et nos personnalités pour entrer dans le moule des codes collectifs que nous impose la bienséance contemporaine. S'habiller de telle ou telle façon nous fait encourir le risque d'une réprobation de la société. Les piercings, par exemple, sont extrêmement codifiés. Ils se nichent dans des zones très précises du corps, et ne doivent en aucun cas être trop visibles si l'on veut s'épargner une perte de crédibilité dans le regard des autres, que ce soit au travail ou plus généralement en société. Les codes des entreprises et des organismes d'embauche invitent également à dissimuler les tatouages, et à disposer d'un vestiaire classique aligné sur l'image genrée que la majorité des gens se font d'une personne présentable. Dès lors sont ramenés au rang de marginaux ceux qui souhaitent tendre vers l'originalité. Chemin faisant, les récits sociaux et économiques à l'œuvre nous font oublier qu'un travail sur soi-même est toutefois nécessaire pour se sentir mieux, pour se sentir congruent. L'historienne Sarah Wood rappelle que le tatouage remplit pourtant de multiples fonctions dans le paysage et depuis des siècles. S'approprier un tatouage peut constituer un réel instrument de revendication[40]. Jadis tatoués de numéros d'immatriculation par l'administration pénitentiaire, les criminels ont commencé à pratiquer le tatouage pour eux-mêmes, afin de changer la signification de ceux dont on les marquait à vie. D'une pratique qui violait l'intégrité corporelle des individus, le tatouage est devenu une véritable expression de la libération des corps et de leur réappropriation dans un milieu privatif et frustrant par nature. Les marins également se paraient de symboles corporels, tout comme les motards et les communautés spirituelles s'inspirant du bouddhisme, de la méditation et du néochamanisme, avec l'idée sous-jacente d'appartenir à un collectif. Le tatouage envoie un message à la collectivité, il prévient du monde que son porteur veut voir éclore et souhaite promouvoir. D'aucuns dépassent les trajectoires de vie, pour s'amarrer à des processus de solidarité. Par exemple, dans les pays anglo-saxons, se faire tatouer un signe de ponctuation est une manifestation de solidarité envers les personnes qui souffrent de dépression. Plus loin encore, dans plusieurs communautés d'Amazonie, le tatouage est une marque d'appartenance à un peuple. Dans le creux des avant-bras, sur les joues, ou à l'endroit des muscles du torse, les individus se tatouent les marqueurs de leur personnalité, mais également des motifs emblématiques des enseignements prodigués par leurs parents[41]. Les coiffes en plumes sont aussi un vecteur de communion avec l'autre, humain ou non-humain, sans compter que lorsque l'on reçoit quelqu'un dans sa maison, arborer des bracelets de multiples formes et matériaux est la preuve d'une haute considération. Les travaux de Sarah Wood retracent ainsi que les tatouages et autres marqueurs corporels s'inscrivent profondément dans les strates anthropologiques des sociétés. Ils proposent une extraordinaire boîte à outils pour dire sa personnalité et la façon dont on veut dérouler sa vie. Faire usage de ces marqueurs, c'est à la fois resserrer des liens et affirmer des revendications. Ils sont la première conquête d'une diversité retrouvée, quel que soit le milieu auquel on appartient.

Des couleurs tropicales

Au cours d'une immersion à Abidjan, la question des corps nous est revenue avec une évidence. La ville est une perle tropicale ! Dans ses rues, dans ses maquis, dans les interstices de ses quartiers les plus reculés, partout s'observe une luxuriance de couleurs. Les espaces, là-bas, ne sont que l'analogie des corps. Ils abritent une fluctuante diversité de formes et d'esprits : les pagnes wax africains, connus pour l'exubérance de leurs motifs et coloris, sont arborés quotidiennement par les populations subsahariennes. Ils sont comme des invitations à se réjouir, à se rencontrer et à être beau. Après quelques mois à flâner dans les rues abidjanaises, revenir en Occident donne à voir un monde en noir et blanc. Cela dit, en Afrique également, nombreux sont les artistes, les penseurs et les faiseurs de mondes qui s'insurgent contre l'uniformité des corps et s'engagent pour un retour de la couleur dans nos vies. L'œuvre de l'artiste pluridisciplinaire Laolu Senbanjo est, en ce sens, l'une des plus exaltantes. En cultivant l'art yoruba des terres nigérianes de son enfance, le créateur et ancien avocat des droits humains prend pour toile le corps de femmes et d'hommes, qu'il peint de lacis graphiques et multicolores, afin de promouvoir la culture africaine, mais aussi des thèmes comme la justice sociale, le féminisme et la protection des enfants. Par le biais des corps, l'artiste met en exergue les trésors des rituels africains et des chants initiatiques que parfois la modernité oublie. Des trésors que l'artiste aime définir comme ruisselants d'une valeur largement supérieure à tout « *ce que l'Occident n'a jamais volé* ». Lors d'une récente conférence, Laolu Senbanjo a dit être influencé par les récits contés par sa grand-mère ainsi que par les tatouages qui ornaient ses bras. Au travers de ses créations, l'artiste mondialement reconnu perpétue un cercle, celui de symboles ciselés par une ancêtre disparue, qui ont simultanément conditionné son parcours de vie et son œuvre. Cette œuvre imprime à son tour de jeunes artistes africains et américains souhaitant mettre leurs pas dans les siens tout comme, paradoxalement, quelques jeunes intellectuels qui tentent aujourd'hui de structurer une pensée de la relation. L'Afrique montre à quel point les corps peints comme des tableaux constituent de merveilleux espaces de création et d'appropriation. Les couleurs des écharpes et des turbans, le grain de la peau, ses cicatrices ou scarifications, la forme des fossettes, la longueur et les nuances des cheveux sont autant de puissants stimulants de l'imaginaire pour qui sait les observer. De nombreux collectifs montrent aujourd'hui la voie, en usant des corps pour de nouvelles modalités artistiques autant que pour diffuser des messages politiques. Les Femen se servent de leurs corps comme espace politique de protestation et de la nudité comme outil de libération et de réappropriation de la fierté féminine. Les gay prides sont elles aussi des espaces pour les corps, des moments où ils communient pour porter sur la place publique la volonté de chacun de vivre de manière libre et juste. À Dunkerque, à Cologne, à Rio, à Londres et dans mille autres villes méconnues, les carnavals nous offrent des explosions de couleurs, de costumes, de musiques et autres expressions de la créativité humaine. Préparées parfois jusqu'à un an à l'avance, ces fêtes populaires souvent cosmopolites dégagent un enjeu commun : étayer la cohésion sociale en réunissant dans un climat de réjouissances des âmes et des corps extrêmement divers, sans entraver l'affirmation de la sensibilité de chacun, et même en ménageant une place à celle des minorités. Au-delà de ces moments exceptionnels, nous pouvons tous, au quotidien, autoriser nos corps à exprimer ce que nous sommes et participer à la préservation de ces magnifiques espaces de création. Chaque individu est unique par la subtile combinaison de tout ce qui le constitue, le représente ou lui appartient, et qui objective une passerelle entre singularité et diversité. Que chacun de nos corps puisse vivre dans un tourbillon de couleurs, de joies et de mouvements ! C'est en grande partie par les corps que peuvent enfin se déployer à nouveau les courbes oniriques du monde

Conclusion
Être un poète parmi les poètes

Nous Occidentaux sommes les héritiers d'une manière de penser le monde qui divise les connaissances autant que les êtres, les individus autant que les collectifs, les territoires autant que les continents. Nous Occidentaux sommes les héritiers de l'érosion de la diversité du vivant et des paysages autant que de systèmes de domination empêchant le dialogue et l'émancipation. Penser la relation apparaît alors comme une échappatoire, un horizon possible inhibant les crises qui secouent actuellement la plupart des pays. Une société de la relation permet, en effet, de se protéger du danger des egos, en admettant que tout être vivant est vulnérable ; elle permet aux non-humains de bondir dans le train, de ne pas rester à quai ; elle s'adjoint la justice pour crier au monde que vivre ensemble dans la diversité est possible, et que le métissage est un réservoir de cette force d'enfanter des tiers uniques qui, à leur tour, marqueront les sociétés du sceau du partage et de la créativité. L'étendue de l'écologie relationnelle permet également de systématiser certains combats actuellement portés dans les sociétés. Le climat, les luttes pour préserver la biodiversité et de nombreux antagonismes sociaux tendent à segmenter l'information et à généraliser des solutions qui, pourtant, doivent être diverses pour s'adapter aux enjeux de chaque territoire. Ils tendent aussi à rendre invisible la relation. Une métaphore aide à comprendre les limites d'une cause écologique appréhendée en dissociant la problématique du climat de celle de la sauvegarde de la biodiversité. Dans une voiture, la question climatique peut être reliée, entre autres, au pot d'échappement par lequel sont rejetés les gaz à effet de serre et, par extension, à la nécessité de réguler le réchauffement de l'atmosphère et les pollutions associées. Certes, ces enjeux restent décisifs, mais régler le pot d'échappement ne peut suffire, car l'objet est maillé à tous les organes qui permettent au véhicule de fonctionner. Au même titre qu'une voiture n'est pas simplement conditionnée par son pot d'échappement, les mondes ne peuvent se construire en fonction du seul enjeu climatique. Dans une voiture, on trouve également des sièges, dont le positionnement les uns par rapport aux autres suggère alors un type particulier de rapports entre les passagers. Conduire une voiture, c'est encore manœuvrer un volant, comme quand on modèle de nouveaux systèmes de gouvernance et d'arbitrage pour prendre les meilleures décisions sociales et environnementales. Les rétroviseurs, eux, permettent d'apprendre du passé, tandis que le pare-brise invite à se projeter dans l'avenir. Quant à la carrosserie, elle correspond l'esthétique d'un lieu, d'un collectif et d'un individu ; par ses formes et ses couleurs, elle prend acte de la poésie qu'incarne la vie. Enfin, le moteur et les fenêtres sont également des critères d'appréciation d'une voiture. Le *moteur* détient des capacités et des potentialités qui permettent à une société de progresser. Il caractérise un socle commun susceptible de fédérer et de faire prospérer les collectifs. Agréger ces vertus et ces possibles aux sociétés permet également de centrer les débats écologiques et sociaux, non plus tellement sur des solutions d'adaptation, mais bien sur les valeurs qui déterminent les choix d'une société, avec pour résultat de placer les futurs acteurs de la politique à un niveau ontologique, dans leurs façons d'être et de penser. Enfin, les valeurs d'une société n'ont de sens que lorsqu'elles sont mises en perspective, converties en dialogue et en enrichissement mutuel grâce aux valeurs des autres mondes. À ce titre, les fenêtres sont utiles car, en les laissant ouvertes, nous donnons une chance à la différence d'infuser en nous, nous nous laissons le loisir d'en tirer les plus sages enseignements, de ceux qui permettent à chaque individu d'évoluer en permanence tout en diffusant les émotions spirituelles de son monde propre. Par ces rencontres, les mondes font connaissance, échangent, discutent, s'hybrident, renforcent leurs liens, mettent en commun leurs luttes et, au fur et à mesure, peuvent à leur tour donner naissance à des mondes de relations.

Se redonner courage

L'écologie relationnelle appelle à concevoir les mondes de demain par le lien, par les diversités qui nous unissent et par la singularité de chaque collectif, de chaque lieu et de chaque territoire. L'écologie relationnelle ouvre alors sur une pensée horizontale qui permet de porter une action articulée non plus en fonction des traits sous-jacents de chaque classe sociale, individu ou société, mais bien selon les opportunités rendues possibles par le croisement de ces différents traits. La relation laisse entrevoir un décloisonnement des catégories et des connaissances, entre nature et culture, entre raison et émotions. Nous sommes en permanence l'un et l'autre. En permanence, l'un et l'autre nous habitent.

La fresque de la relation que nous vous avons dépeint tout au long de ce livre laisse présager d'immenses chantiers, dont certains parsemés d'obstacles énormes et de murs a priori infranchissables. Il est difficile d'entrer en relation. Il est difficile de comprendre l'autre pour ce qu'il est et non pour ce que l'on voudrait qu'il soit. Il est tout aussi compliqué de maintenir des relations sans amoindrir leur qualité, sans laisser entrer, par des sentes clandestines, des conflits, manipulations et formes inconscientes de domination qui finissent toujours par détruire la diversité et la pluralité du monde, ses dons les plus précieux. Très rapidement aussi, nous pouvons être rattrapés par des penchants à nous refermer sur nous-mêmes, en raison de la capitalisation de connaissances et de ressources au bénéfice de notre propre trajectoire de vie davantage que pour le bien commun. Le sur-individualisme est un démon, il toque sans cesse à la porte lorsqu'une amitié ou un amour vient à se défaire, lorsqu'une une difficulté professionnelle ou personnelle vient rompre un itinéraire soigneusement suivi. Il est encore plus difficile de s'ouvrir à un échange juste et solidaire avec le non-humain, grand impensé de la philosophie qu'il devient urgent de redécouvrir pour son agentivité et son droit à pareillement fabriquer des mondes. Enfin, face aux vives tensions internationales, il est malaisé d'imaginer des solutions écologiques et sociales qui ne trahissent point la diversité parce que, fréquemment, celles qui sont proposées renouent avec des dynamiques d'uniformisation des paysages, des territoires, des peuples et des individus. Cultiver l'écologie relationnelle semble ouvrir un chemin des plus escarpés.

Néanmoins, tout ne paraît pas impossible ni désespéré ! Partout la vie s'exprime, partout la diversité lutte pour respirer, s'épanouir, se manifester, vivre ! Cette diversité, ce sont les Peuls du Sahel qui veulent préserver le sable qui coule dans leurs veines, ce sont ces jardins qui prennent leur place dans des univers bétonnés et bitumés, ce sont ces individus qui ont le courage de fuir la tyrannie des villes pour se réinventer un destin villageois, ce sont les animaux qui clament leur volonté de vivre et opinent à le faire avec nous, c'est le châtaignier des Cévennes ignoré de la modernité qui continue tout de même d'exister. La diversité qui se terre est dans le camp du vivant. Elle est une invitation à se mettre en mouvement, elle dispense du courage et de l'amour pour défendre ce qui reste à défendre et, mieux encore, elle prescrit de repenser les modèles sociétaux à sa lumière, une lumière composite et cependant incomparablement éclairante, qui guide les causes sociale et environnementale vers des solutions permettant de construire un monde à même d'en accueillir et d'en réconcilier plusieurs. Pour nous, enfants des années 1990, les mots et les choses semblent avoir un goût âpre et amer, un goût de cendre. Mais un poète n'a-t-il jamais dit que les cendres étaient un terreau fertile pour de nouvelles graines ? N'a-t-il jamais dit que lorsque ces graines germent, les mondes qu'elles épanouissent offrent aux cœurs une infinité d'horizons ? Le soleil est du nombre !

Remerciements

Ce livre repose sur le vaste et généreux tissu de nos relations, dont les fils délicats mais robustes, à l'image de ceux d'une toile d'araignée, ont soutenu la genèse et l'aboutissement. Une toile d'araignée est une architectonique merveilleuse, qui relie non seulement ses propres chemins, mais aussi les éléments de son environnement, et s'étire dans autant de directions.

Pour avoir cru en notre projet dès nos premiers échanges, nous remercions Suyapa Hammje des éditions Tana. Son accueil dans le monde de l'édition, ses conseils et ses relectures successives ont été d'un précieux concours dans l'élaboration de ce livre. Merci également à Christine Baillet qui, par ses relectures attentionnées et ses conseils d'écriture, a su tirer le livre vers le haut.

Mettre en lien des disciplines variées exige un temps de maturation qui puise dans des inspirations plurielles. Nos professeurs, des plus proches, ceux avec lesquels nous partagions des cafés entre deux cours, aux plus éloignés, ceux avec lesquels l'échange se limitait parfois à une question lancée dans un amphithéâtre universitaire, ont été les premiers sages à nous transmettre une curiosité qui ne s'est jamais tarie. Nos remerciements vont d'abord à nos directeurs de thèse respectifs, qui nous accompagnent toujours dans nos démarches intellectuelles à l'heure où nous bouclons ce livre : Christophe Soulard, Lucette Laurens, Nadia Belaïdi et Stéphane Pessina. Un grand merci également aux professeurs dont les enseignements et les écrits résonnent en nous comme des paroles éternelles. Nous pensons ici notamment à Sabrina Krief, François Léger, Samuel Depraz, Corine Pelluchon, Serge Bahuchet, Florence Brondeau, Philippe Descola, Augustin Berque, Luc Semal, Pierre Labarthe, Dorothée Browaeys, Kristin Reynolds, Ségolène Darly, Dominique Paturel, Aurélie Javelle, Max Rousseau, Vincent Béal, Pierre Legrand, Frank Alvarez-Pereyre, Gilda Nicolau et Christoph Eberhard.

Merci à ces compagnons de randonnée, penseurs et penseuses, avec lesquels le monde se redécouvre quotidiennement. Les discussions, et parfois même les projets communs, contribuent à amender les territoires de nos réflexions et à faire surgir des oasis qui, nous l'espérons, caractériseront demain. Ces personnes sont bien plus que des pairs. Ce sont des frères et des sœurs de pensée, des frères et des sœurs de combat. Merci à Paula Dolci, Benoit Ivars, Alpheratz, Alizé Berthier, Romain Duda, Malcom Ferdinand, Camille Devineau, Alice Timsit, Guga Nagib, Lisa Bertrand, Guillaume Cot, Alvaro Echanove, Romane Laguel, Claire Cahin, Antoine

Camby, Aurélie Anger et, plus largement, aux membres du laboratoire d'éco-anthropologie du Muséum, ceux du Centre universitaire rouennais d'études juridiques, ceux du Laboratoire d'anthropologie juridique de Paris et ceux de l'UMR innovation de Montpellier.

Inutile d'avancer masqués, nous aimons nous définir comme *méditants et militants*, car nos réflexions et recherches se complètent d'engagements, et s'hybrident pour nourrir une sagesse personnelle et une philosophie de vie singulière. Nous ne pouvons pas citer tous les défenseurs de la cause animale, de celle des femmes, des peuples autochtones, des territoires, du climat et de l'écologie en général, des arbres et de la terre, de l'eau et du ciel… qui nous ont inspirés. Que ces lignes néanmoins les rassurent, ils sont dans nos cœurs et dans nos têtes. Merci à eux d'être les héroïques porte-drapeaux de la diversité.

Parmi les plus belles choses qui émergent des réseaux militants, signalons les amitiés, les sympathies et les liens qui se nouent entre associations, partis et territoires. Ces amitiés insufflent de la force, elles sont en grande partie à l'origine de la poésie des mondes. Pour être régulièrement à nos côtés et nous avoir indéfectiblement soutenus dans notre volonté de cultiver la pensée de la relation, nous remercions particulièrement, Pauline Couvent, André Rebêlo, Alban Perret, Florentin Letissier, Weilian Zhu, Chloé Landrot, Catherine Su, Aurélie Bacq-Labreuil, Clément Molinier, Théophile Keïta, Matthieu Ponchel, Paulin Quenault, Claire Lejeune, Flora Clodic, Malika Errajafiallah, Esteban Wendling, Bruno Paternot, Thomas

Dupont, Charles Fournier, Hélène Hardy, Manon Havet, David Berly, François Gicqueau, Fiona Mille, Luc Sorgius, François Momplay, Lena Abbou, Maud Corcoral, Nolwenn Germain, Adrien Mauny, Sidoine Barbrel, David Iampietro, James Hastwell, Mathilde François et Anne Guillou ainsi que tous les amis des foyers protestants strasbourgeois, de Sabeel, de Coexister, d'Ayya, de Notre affaire à tous, et des autres associations avec lesquelles nous avons parcouru des bouts de chemin. Merci également aux amis d'enfance pour leur présence depuis bientôt trente ans ! Les retrouver, c'est plonger dans le confort d'une énergie affectueuse et bienveillante. Il serait long de tous les citer, nous espérons qu'ils se reconnaîtront à la lecture de ces lignes.

Nous avons tenté d'associer les non-humains à chacune des pages de ce livre, car eux aussi ont le droit d'habiter la Terre et de se mettre en relation. Nombre d'entre eux ont influencé notre parcours de vie. Comment les remercier ? Notre vocabulaire manque encore d'outils pour rendre l'honnête dimension du mérite qui les caractérise. En attendant de trouver les mots justes, un simple merci à ces animaux d'ici et d'ailleurs, à ces arbres centenaires, à ces villages des Cévennes, de Moselle, d'Alsace et d'Afrique, qui restent dans nos cœurs comme des promesses d'éternité. Nous reviendrons bientôt vers eux, un bateau nous attend. Notre vie plaide pour un mouvement continu vers la magie des territoires.

La famille provoque un sentiment de vertige lorsque l'on mesure les relations dont elle est la gardienne. Ce livre marque pour nous une étape. Pour l'avoir rendu possible et avoir toujours cru en nous, merci à Annie Deville, Daniel Deville et Léa Deville ainsi qu'à Patricia Bleydorn-Spielewoy, Alain Spielewoy et Lorène Spielewoy, sans oublier tous les membres de nos familles et belles-familles respectives. Ils sont la résurgence dans le désert, l'éclaircie dans la tempête, le rayon de lune dans les ténèbres.

Dire enfin merci à Amandine Rat et Kady Dicko serait un impérieux euphémisme ; elles font de nos relations quotidiennes un champ d'amour et de tendresse.

Notes et références bibliographiques

PARTIE 1
TRISTES TERRITOIRES

Le silence des campagnes

1. Robert Louis Stevenson, *Voyages avec un âne dans les Cévennes*, Clermont-Ferrand, Éditions de Borée, 2001.

2. Patrick Cabanel, *Histoire des Cévennes*, Paris, PUF, coll. « Que sais-je ? », 8e édition, 2019.

3. *Ibid.*

4. Gilles Clément, *Le Jardin planétaire : réconcilier l'homme et la nature*, Paris, Albin Michel, 1999.

5. Florence Brondeau (dir.), « Jardiner pour coproduire la ville : mobilisations citoyennes et stratégies d'acteurs », *Revue Géographie et Cultures* n° 103, Paris, L'Harmattan, 2018.

6. Damien Deville, « Jardiner en ville pour faire face à la précarité », *The Conversation*, 10.06.2018, Disponible sur : https://theconversation.com/jardiner-en-ville-pour-faire-face-a-la-precarite-96073

7. Nos observations en Cévennes rejoignent pour beaucoup celles des ethnologues et des géographes sur différents villages ruraux français. À ce titre, voir : Pascal Dibie, *Le Village métamorphosé – Révolution dans la France profonde*, Paris, Pocket, coll. « Terre Humaine Poche », édition revue et corrigée, 2013.

8. Charles Hervé-Gruyer et Perrine Hervé-Gruyer, *Vivre avec la terre – Manuel des jardiniers-maraîchers – Permaculture, écoculture, microfermes*, Arles, Actes Sud/Ferme du Bec Hellouin, 2019.

9. Marc Dufumier, *Famine au sud, malbouffe au nord – Comment le bio peut nous sauver*, Paris, Nil, 2012.

10. Rachel Carson, *Printemps silencieux*, Marseille, Wildproject, 2019.

Voir aussi Étude MNHN/CNRS, « Le printemps 2018 s'annonce silencieux dans les campagnes françaises », Disponible sur : https://www.cnrs.fr/fr/le-printemps-2018-sannonce-silencieux-dans-les-campagnes-francaises

11. Rob Hopkins, *Ils changent le monde ! 1001 initiatives de transition écologique*, Paris, Seuil, coll. « Anthropocène », 2014.

12. Jean-Paul Chabrol, *Alès, capitale des Cévennes*, Nîmes, Alcide Éditions, 2017.

13. Samuel Depraz, *La France des marges – Géographie des espaces « autres »*, Malakoff, Armand Colin, coll. « U Géographie », 2017.

14. Patrick Cabanel, *Cévennes, un jardin d'Israël*, Nîmes, Alcide Éditions, 2018.

15. *Ibid.*

16. Samuel Depraz, *La France des marges*, *op. cit.*

17. Stéphane Beaud et Michel Pialoux, *Retour sur la condition ouvrière*, Paris, La Découverte/Poche, coll. « Sciences humaines et sociales », 2012.

18. Frédéric Santamaria, « Les villes moyennes françaises et leur rôle en matière d'aménagement du territoire : vers de nouvelles perspectives ? », *Norois*, 2012, vol. 223, pp. 13-30.

19. Christophe Guilluy, *La France périphérique, comment on a sacrifié les classes populaires*, Paris, Flammarion, 2014.

20. Guillaume Faburel, *Les Métropoles barbares – Démondialiser la ville, désurbaniser la terre*, Lyon, Le Passager Clandestin, 2018.

21. Ce phénomène est notamment illustré à travers l'agriculture dans : Marc Dufumier, *Famine au Sud, malbouffe au Nord*, *op. cit.*

22. Marc Aiko Zike, *La Politique ivoirienne sur le café et le cacao*, Paris, L'Harmattan, coll. « Études africaines », 2010.

23. Gilles Duranton, Philippe Martin, Thierry Mayer et Florian Mayneris, *Les Pôles de compétitivité : que peut-on attendre ?*, Paris, Éditions Rue d'Ulm, coll. « CEPREMAP », 2008.

24. Guillaume Faburel, *Les Métropoles barbares*, *op. cit.*

25. Olivier Bouba-Olga et Michel Grossetti, « La mythologie CAME (Compétitivité, Attractivité, Métropolisation, Excellence) : comment s'en désintoxiquer ? », Hal archives-ouvertes (hal-01724699, v2), 2018.

26. Alexis Lebreton et Grégory Mougel, « La gentrification comme articulation entre forme urbaine et globalisation : approche comparative Londres/Berlin », *Espaces et Sociétés*, 2008, vol. 132-133 (1), pp. 57-73.

27. Jacques Donzelot, *La Ville à trois vitesses*, Paris, Éditions de La Villette, coll. « Penser l'espace », 2009.

28. Guillaume Faburel, *Les Métropoles barbares, op. cit.*

29. Samuel Depraz, *La France des marges, op. cit.*

30. Olivier Razemon, *Comment la France a tué ses villes,* Paris, Rue de l'Échiquier, 2017.

31. Cécile Gintrac et Matthieu Giroud (dir.), *Villes contestées – Pour une géographie critique de l'urbain,* Paris, Les Prairies Ordinaires, coll. « Penser croiser », 2014.

32. *Ibid.*

33. Max Rousseau, « Vendre la ville (post-)industrielle : capitalisme, pouvoir et politiques d'image à Roubaix et à Sheffield (1945-2010) », thèse de doctorat en science politique, université Jean Monnet de Saint-Étienne/université de Lyon, 2011.

34. Max Rousseau, « Richard Florida in Saint-Étienne ? Sociologie de "la classe créative" stéphanoise », *Les Annales de la Recherche urbaine,* 2008, vol. 105, pp. 112-119.

35. Christophe Demazière, José Serrano et Didier Vye, « Introduction. Les villes petites et moyennes et leurs acteurs : regards de chercheurs », *Norois,* 2012, vol. 223 (2), pp. 7-10.

36. Damien Deville, « Villes petites et moyennes : une conviction environnementale », Urbanews.fr, 2017, Disponible sur : https://www.urbanews.fr/2017/12/18/52736-villes-petites-moyennes-conviction-environnementale/

37. Mayté Banzo, « L'espace ouvert pour une nouvelle urbanité », *Géographie,* Université Michel de Montaigne-Bordeaux III, 2009, tel-00618968, v1.

38. Henri Lefebvre, *Le Droit à la ville,* Paris, Édition Economica, 2009.

39. Augustin Berque, *Les Raisons du paysage : de la Chine antique aux environnements de synthèse,* Vanves, Hazan, 1995.

40. Pierre Rabhi, *Vers la sobriété heureuse*, Arles, Actes Sud, coll. « Babel », 2013.

41. Martine Valette-Hémery, *Les Paradis naturels – Jardins chinois en prose*, Paris, Philippe Picquier, coll. « Piquier Poche », 2009.

42. Le poète est à plusieurs reprises cité dans : Augustin Berque, *Les Raisons du paysage, op. cit.*

43. Pierre-Jakez Helias, *Le Cheval d'orgueil,* Paris, Pocket, coll. « Terre Humaine Poche », 1999.

44. Antoine Sylvère, *Toinou, le cri d'un enfant auvergnat,* Paris, Plon, coll. « Terre Humaine », 1993.

45. Cette conclusion est notamment amenée dans : Jean Malaurie, *Oser, résister,* Paris, CNRS Éditions, 2018.

46. Michel Foucault, *Naissance de la biopolitique – Cours au Collège de France (1978-1979),* Paris, EHESS/Gallimard/Seuil, coll. « Hautes Études », 2004, Disponible sur : https://www.youtube.com/watch?v=t4BSjQ9NfbU

Les tentacules de l'Occident

1. Arturo Escobar, *Encountering Development – The Making and Umaking of the Third World*, Princeton, (NJ-USA), Princeton University Press, édition révisée, 2011.

2. Arturo Escobar, *Sentir-penser avec la Terre – Une écologie au-delà de l'Occident,* Paris, Seuil, coll. « Anthropocène », 2018.

3. *Ibid.*

4. Majid Rahnema, *Quand la misère chasse la pauvreté*, Arles, Actes Sud, coll. Babel », 2004.

5. Amadou Hampâté Bâ, *Amkoullel, l'enfant peul*, Paris, J'ai lu, 2000.

6. Amadou Hampâté Ba, « Les religions africaines comme source de valeur de civilisation », communication au colloque de Cotonou 16-22 août 1970, *Présence Africaine*, pp. 65-87.

7. Michel Field, *Le Vieux Blanc d'Abidjan dans sa prison de Yopougon*, Paris, Julliard, 2016.

8. Aminata D. Traoré, *Le Viol de l'imaginaire*, Paris, Fayard, coll. « Pluriel », 2012, p. 8.

9. Joseph Ki-Zerbo, *À quand l'Afrique ? Entretien avec René Holenstein*, La Tour-d'Aigues, L'Aube, 2003.

10. Pierre Clastres, *La Société contre l'État*, Paris, Les Éditions de Minuit, coll. « Reprise », 2011.

11. Philippe Descola, *Par-delà nature et culture*, Paris, Gallimard, coll. « Folio essais », 2015.

12. Aminata D. Traoré, *Le Viol de l'imaginaire, op. cit.*

13. Hartmut Rosa, *Aliénation et accélération – Vers une théorie critique de la modernité tardive*, Paris, La Découverte/Poche, coll. « Sciences humaines et sociales », 2014.

14. *Ibid.*, p. 38.

15. Pablo Servigne et Raphaël Stevens, *Comment tout peut s'effondrer – Petit manuel de collapsologie à l'usage des générations présentes*, Paris, Seuil, coll. « Anthropocène », 2015.

16. Luc Boltanski et Laurent Thevenot, *De la justification – Les Économies de la grandeur*, Paris, Gallimard, coll. « NRF essais », 1991.

17. Arturo Escobar, *Sentir-penser avec la Terre, op. cit.*

Le piège de l'écologie-monde

1. Anne Cadoret, *Protection de la nature. Histoire et idéologie – De la nature à l'environnement*, Paris, L'Harmattan, 1985.

2. Malcom Ferdinand, « Penser une écologie décoloniale, une écologie-du-monde », entretien avec Marie-Yemta Moussanang, *Afrotopiques*, 2019, Disponible

sur : https://soundcloud.com/user-482486519/malcom-ferdinand-penser-une-ecologie-decoloniale-une-ecologie-du-monde

3. Jonathan R. Rhodes, Hawthorne L. Beyer, Harriet J. Preece, Clive A. McAlpine, « South East Queensland Koala Population Modelling study », Department of Environment and Heritage Protection, UniQuest, Brisbane (Australia), 2015, Disponible sur : https://nla.gov.au/nla.obj-1203530009/view

4. Les propos exposés se nourrissent d'une mission de plusieurs mois effectuée par Damien Deville au sein de la *Koala Conversation Unit* du *Department of Environment and Heritage Protection* du Queensland en Australie, en 2013.

5. « 250 000 hectares de brousse incendiés en Australie », *Le Monde*, 18.09.2019.

6. Christophe Bonneuil et Jean-Baptiste Fressoz, *L'Événement anthropocène – La Terre, l'histoire et nous*, Paris, Seuil, coll. « Anthropocène », 2013.

7. Samuel Depraz, *Géographie des espaces naturels protégés – Genèse, principes et enjeux territoriaux*, Paris, Armand Colin, coll. « U Géographie », 2008.

8. Patrick Blandin, *Biodiversité : l'avenir du vivant*, Paris, Albin Michel, coll. « Bibliothèque Sciences », 2010 ; Serge Bahuchet, *Les Jardiniers de la nature*, Paris, Odile Jacob, 2017.

9. *Ibid.*

10. Serge Bahuchet, *Les Jardiniers de la nature*, *op. cit.*, pp. 259-280.

11. *Ibid.*

12. Raphaël Larrère, Bernadette Lizet et Martine Berlan-Darqué (coord.), *Histoire des parcs nationaux – Comment prendre soin de la nature ?*, Versailles, Éditions Quæ, 2009.

13. Caroline Fraser, *Rewilding the World: Dispatches from the Conversation Revolution*, USA, Picador, 2011.

14. Red Noss, « Rewilding and Biodiversity: Complementary Goals for Continental Conservation », *Wild Earth*, 1998, vol. 8, pp. 19-28.

15. Virginie Maris, *La Part sauvage du monde – Penser la nature dans l'Anthropocène*, Paris, Seuil, coll. « Anthropocène », 2018.

16. Andreas Malm, *Nature et société : un ancien dualisme pour une situation nouvelle*, *Actuel Marx*, 2017, vol. 61 (1), pp. 47-63.

17. Une grande partie des zones classées Natura 2000 par l'Union européenne, reconnues pour leur intérêt floristique et faunique, se situent dans des espaces agricoles. Les différents sites Natura 2000 en France sont recensés par l'Inventaire national du patrimoine naturel, Disponible sur : https://inpn.mnhn.fr/site/natura2000/listeSites

18. Christian Lévêque et Jean-Claude Mounolou, *Biodiversité – Dynamique biologique et conservation*, Malakoff, Dunod, coll. « UniverSciences », 2e édition, 2008.

19. Augustin Berque, *Là sur les bords de l'Yvette – Dialogues mésologiques*, Bastia, Éditions Éoliennes, 2017.

20. En référence au livre de Françoise Héritier, *Le Sel de la vie*, Paris, Odile Jacob, 2012.

21. Christophe-Toussaint Soulard, « Pratiques, politiques publiques et territoires : construire une géographie agricole des villes », Université Michel de Montaigne-Bordeaux III, UFR Géographie-Aménagement, 2014, Disponible sur : https://halshs.archives-ouvertes.fr/tel-01016218/

22. Damien Deville et Florence Brondeau, « Appropriations citoyennes et jeux d'acteurs dans un espace en devenir », *Géographie et Cultures*, 2017, vol. 103, pp. 109-129.

23. François Léger, « Les microfermes sont le chemin vers l'autonomie alimentaire et sociale » (entretien), *Reporterre*, 20.05.2019, Disponible sur : https://reporterre.net/Francois-Leger-Les-microfermes-sont-le-chemin-vers-l-autonomie-alimentaire-et

24. Éric Duchemin, Fabien Wegmuller et Anne-Marie Legault, « Agriculture urbaine : un outil multidimensionnel pour le développement des quartiers », *VertigO, la revue électronique en sciences de l'environnement*, 2010, vol. 10 (2).

25. Kristin Reynolds & Nevin Cohen, *Beyond the Kale, Urban Agriculture and Social Justice Activism in New York City*, Athens (GA-USA), University of Georgia Press, 2016.

26. Lilli Monteventi Weber, Chantal Deschenaux et Michèle Tranda-Pittion (dir.), *Campagne-ville, le pas de deux : enjeux et opportunités des recompositions territoriales*, Lausanne, PPUR, 2008.

PARTIE 2
CONSTRUIRE UN MONDE DE LA RELATION

Écouter et sentir les liens qui nous soutiennent

1. Philippe Descola, *Une écologie des relations*, Paris, CNRS Éditions, coll. « Les Grandes Voix de la Recherche », 2019.

2. Eduardo Kohn, *Comment pensent les forêts, vers une anthropologie au-delà de l'humain*, Belgique, Zones Sensibles, 2017.

3. Philippe Descola, *Par-delà nature et culture*, *op. cit.*

4. Eduardo Viveiros de Castro, *The Relative Native: Essays on Indigenous Conceptual Worlds*, USA, HAU, 2016.

5. Tim Ingold, *Marcher avec les dragons*, Paris, Points, coll. « Essais », 2018.

6. Carl von Brandenstein cité par Philippe Descola, *Une écologie des relations*, *op. cit.*

7. Claude Lévi-Strauss, *Le Totémisme aujourd'hui*, Paris, PUF, coll. « Quadrige », 2017.

8. Jacques Giri, *Le Sahel au XXIe siècle – Un essai de réflexion prospective sur les sociétés sahéliennes*, Paris, Karthala, coll. « Les Afriques », 1989.

9. Philippe Descola, *Par-delà nature et culture*, *op. cit.*

10. *Ibid.*

11. Marcel Griaule, *Dieu d'eau – Entretien avec Ogotemmêli*, Anté-Matière, 2017.

12. Jürgen Habermas, *Le Discours philosophique de la modernité*, Paris, Gallimard, coll. « Tel », 2011.

13. Laurence Devillairs, *René Descartes*, Paris, PUF, coll. « Que sais-je », 2018.

14. René Descartes, *Discours de la méthode*, Paris, Vrin, 1987.

15. Thierry Gontier, *De l'homme à l'animal – Paradoxes sur la nature des animaux*, Montaigne et Descartes, Paris, Vrin, coll. « Philologie et Mercure », 1998.

16. Augustin Berque *et al.* (dir.), *Le lien au lieu*, Bastia, Éditions Éoliennes, 2014.

17. Spinoza, *Œuvres complètes* (prés. Thibaut Gress), Paris, Robert Laffont, coll. « Bouquins », 2019 ; Voir également Arne Naess, *La Réalisation de soi – Spinoza, le bouddhisme et l'écologie profonde*, suivi de : « L'expérience du monde » de Stéphane Dunand, Marseille, Wildproject, 2017.

18. Leibniz, *Principes de la nature et de la grâce : monadologie et autres textes* (prés. Christiane Frémont), Paris, Flammarion, coll. « GF », 1996.

19. Claude Lévi-Strauss, *Tristes tropiques*, Paris, Pocket, coll. « Terre Humaine Poche », 2001.

20. Philippe Descola, *Les Lances du crépuscule*, Paris, Pocket, coll. « Terre Humaine Poche », 2006.

21. Sur cette dynamique de vulnérabilité réciproque, lire les œuvres d'André-Georges Haudricourt, qui le premier a su sentir ces questions essentielles, notamment concernant les plantes : André-Georges Haudricourt et Louis Hédin, *L'Homme et les plantes cultivées*, Paris, A.M. Métailie, 1987.

22. Tim Ingold, *Marcher avec les dragons*, *op. cit.*

23. Hartmut Rosa cité par Mona Chollet, *Chez soi, une odyssée de l'espace domestique*, Paris, La Découverte, coll. « La Découverte/Poche », 2016.

24. Corine Pelluchon, *Les Nourritures – Philosophie du corps politique*, Paris, Seuil, coll. « L'Ordre philosophique », 2015.

25. *Ibid.*

26. *Ibid.*

27. *Ibid.*

28. Corine Pelluchon, *Manifeste animaliste – Politiser la cause animale*, Paris, Alma Éditeur, 2017, p. 40.

La rencontre, premier pilier de la relation

1. Amin Maalouf, *Les Identités meurtrières*, Paris, Le Livre de Poche, 2001.

2. Frank Alvarez-Pereyre (dir.), *Catégories et catégorisation – Une perspective interdisciplinaire*, Louvain-Paris-Dudley, Peeters, coll. « SELAF 448 », 2008.

3. Buffon cité par Valérie Chansigaud, *Les Français et la nature, pourquoi si peu d'amour ?*, Arles, Actes Sud, coll. « Mondes sauvages », 2017, p. 76.

4. *Ibid.*

5. *Ibid.*, p. 78.

6. François Terrasson, *La Peur de la nature – Au plus profond de notre inconscient, les vraies causes de la destruction de la nature,* Paris, Sang de la Terre, coll. « La Pensée écologique », 2007.

7. Malcom Ferdinand, *Une écologie décoloniale – Penser une écologie depuis le monde caribéen*, Paris, Seuil, coll. « Anthropocène », 2019.

8. Cette comparaison entre les dessins des Yanomami et ceux des botanistes occidentaux a été proposée lors de l'exposition « Nous les arbres » par la Fondation Cartier, 2019.

9. Edgar Morin, *La Méthode : 1. la nature de la nature*, Paris, Points, coll. « Essais », 2014.

10. Lewis Munford cité par Edgar Morin, « Sur l'interdisciplinarité », Actes du colloque du Comité national de la recherche scientifique, *Interdisciplinarité*, Paris, CNRS Éditions, 1990.

11. *Ibid.*

12. Éric Chauvier, *Anthropologie de l'ordinaire – Une conversion du regard*, Toulouse, Anarcharsis, 2017.

13. Maurice Godelier, *La Production des grands hommes*, Paris, Flammarion, coll. « Champs essais », 2009.

14. Maurice Merleau-Ponty, *L'Œil et l'Esprit*, Paris, Gallimard, coll. « Folio essais », 1985.

15. Raimon Pannikar, « The dialogical dialogue », in F. Whaling (ed.), *The World's Religious Traditions*, Edinburgh, T&T Clark, 1984.

16. Barbara Glowczewski, *Rêves en colère*, Paris, Pocket, coll. « Terre Humaine Poche », 2016.

17. Anna Lowenhaupt Tsing, *Le Champignon de la fin du monde – Sur la possibilité de vivre dans les ruines du capitalisme*, Paris, La Découverte, coll. « Les Empêcheurs de penser en rond », 2017.

La relation comme nouvelle justice

1. Pierre Boulle, *La Planète des singes*, Paris, Pocket, 2017.

2. Léo Ferré, *La Mélancolie*, Album *Ferré 64*, Barclay-Universal Music, 1964.

3. Corine Pelluchon, *Manifeste animaliste*, *op. cit.*

4. Karine Lou Matignon (dir.), *Révolutions animales – Hommes et animaux, un monde en partage*, Paris, Les Liens qui Libèrent, 2019.

5. Sabrina Krief, *Chimpanzés, mes frères de la forêt*, Arles, Actes Sud, coll. « Mondes sauvages », 2019.

6. Frans De Waal, *La Dernière Étreinte*, Paris, Les Liens qui Libèrent, 2018.

7. *Hatchi*, film américano-britannique réalisé par Lasse Hallström, 2009.

8. Emmanuelle Pouydebat, *L'Intelligence animale – Cervelle d'oiseaux et mémoire d'éléphants*, Paris, Odile Jacob, 2017.

9. Frans De Waal, *La Dernière Étreinte*, *op. cit.*

10. Francis Hallé, *La Vie des arbres*, Montrouge, Bayard, coll. « Les Petites Conférences », 2019.

11. Monica Gagliano, *Thus Spoke the Plant*, Berkeley (CA-USA), North Atlantic Books, 2018.

12. *Ibid.*

13. Suzanne Simard, « L'Internet de la nature : comment les arbres communiquent dans une forêt en bonne santé », TEDx vidéo, 2017.

14. Francis Hallé, *La Vie des arbres*, *op. cit.*

15. *L'Étoile du Sud, le pays des diamants*, Jules Verne cité par Michel Serres, *Yeux*, Paris, Le Pommier, 2014.

16. *Ibid.*

17. Jean Malaurie, *Oser, résister*, *op. cit.*

18. Michel Serres, *Yeux*, *op. cit.*

19. Baptiste Morizot, *Les Diplomates : cohabiter avec les loups sur une autre carte du vivant*, Marseille, Wildproject, coll. « Domaine sauvage », 2016.

20. Baptiste Morizot, *Sur la piste animale*, Arles, Actes Sud, coll. « Mondes sauvages », 2018.

21. Lucy King, « Elephant and Bees – Could Honey Bees be Effective Deterrents for Asia's Crop-Raiding Elephants? » Sanctuary Asia, 2013, Disponible sur : http://elephantsandbees.com/wp-content/uploads/2013/11/King-2013-Elephants-and-Bees-in-Asia-s.pdf

22. Au sujet des travaux de Lucy King : « Face à l'abeille, l'éléphant ne fait pas le poids », France Info, 23.11.2011, Disponible sur : https://www.francetvinfo.fr/decouverte/face-a-l-abeille-l-elephant-ne-fait-pas-le-poids_30519.html

23. Alain Coulombel, *De nouveaux défis pour l'écologie politique*, Paris, Les Éditions Utopia, 2019.

24. Marielle Macé, *Nos cabanes*, Lagrasse, Verdier, coll. « La Petite Jaune », 2019.

25. Raoni et Jean-Pierre Dutilleux, *Mon dernier voyage*, Paris, Arthaud, 2019.

26. Arturo Escobar, *Sentir-penser avec la Terre*, *op. cit.*

27. Malcom Ferdinand, *Une écologie décoloniale*, *op. cit.*

28. Christoph Eberhard, *Oser le plurivers – Pour une globalisation interculturelle et responsable*, La Plaine-Saint-Denis, Connaissances et Savoirs, 2014.

29. Corine Pelluchon, *Manifeste animaliste, op. cit.*

30. Élodie Vieille Blanchard, *Révolution végane – Inventer un autre monde*, Malakoff, Dunod, 2018.

31. Damien Deville, « Qu'est-ce que les animaux vont penser de moi ? », Réponse à une tribune de Paul Ariès, *Médiapart*, 09.01.2019.

32. Pauline Couvent, Damien Deville et Romain Zavallone, « Le mouvement végan est indispensable au débat public », Tribune dans *Libération*, 05.04.2018.

33. Jocelyne Porcher, *Vivre avec les animaux : une utopie pour le XXI*[e] *siècle*, Paris, La Découverte/Poche, coll. « Sciences humaines et sociales », 2014.

34. Paula Dolci et Coline Perrin, « Retourner à la terre en Sardaigne, crises et installation en agriculture », *Tracés. Revue de Sciences humaines*, 2017, vol. 33, pp. 145-167, Disponible sur : http://journals.openedition.org/traces/7029

35. Observations personnelles des deux auteurs, lors de séjours prolongés dans le village de Lasalle.

36. Murray Bookchin, *Pour un municipalisme libertaire*, Lyon, Atelier de création libertaire, 2018.

37. Bruno Latour, « Esquisse d'un parlement des choses », *Écologie & politique*, 2018, vol 56 (1), pp. 47-64.

38. Yoann Moreau, *Vivre dans la fluctuance – Une ethnographie sur pilotis en Amazonie brésilienne*, Lyon, Tel Quel Éditions, 2002.

39. Édouard Louis, *Qui a tué mon père*, Paris, Seuil, 2018.

40. Sarah Wood, « De la punition à la protestation : une histoire du tatouage », *The Conversation*, 28.07.2016, Disponible sur : http://theconversation.com/de-la-punition-a-la-protestation-une-histoire-du-tatouage-63082

41. Pierre Clastres, *La société contre l'État, op. cit.*

Table des matières

Tana S'ENGAGE

TANA est un éditeur qui s'engage pour la préservation de l'environnement et qui utilise du papier issu de forêts bien gérées certifiées FSC® et d'autres sources contrôlées.

Ce livre a été imprimé en France par un imprimeur certifié Imprim'Vert® avec des encres végétales. La couverture ne comprend pas de pelliculage contenant du plastique.

Direction éditoriale : Suyapa Hammje
Édition : Christine Baillet
Mise en pages : Nord Compo
Couverture : David Cosson
Fabrication : Céline Premel-Cabic

Tana éditions, un département d'Édi8
92, avenue de France
75013 Paris

ISBN : 979-10-30103-03-8
Dépôt légal : janvier 2020
Imprimé en France par Normandie Roto Impression s.a.s. (1906163)

Rejoignez-nous sur :
www.tana.fr

FSC
www.fsc.org
MIXTE
Papier issu de sources responsables
FSC® C003309